周锡冰 蒋建平 著

传统企业到底该如何转型

石油工业出版社

图书在版编目（CIP）数据

传统企业到底该如何转型／周锡冰，蒋建平著．—
北京：石油工业出版社，2018. 2
ISBN 978-7-5183-2426-2

Ⅰ．①传…　Ⅱ．①周…　②蒋…　Ⅲ．①企业升级－研
究－中国　Ⅳ．①F279.2

中国版本图书馆CIP数据核字（2017）第320311号

传统企业到底该如何转型

周锡冰　蒋建平　著

出版发行：石油工业出版社
（北京安定门外安华里2区1号楼　100011）
网址：www.petropub.com
编辑部：（010）64523610
图书营销中心：（010）64523731　64523633
经　　销：全国新华书店
印　　刷：北京晨旭印刷厂

2018年2月第1版　2018年2月第1次印刷
710×1000毫米　开本：1/16　印张：10.75
字数：165千字

定价：32.00元
（如出现印装质量问题，我社图书营销中心负责调换）

前言

Preface

近年来，当“互联网 +”“VR”“网红经济”等概念被炒得如火如荼时，成千上万的传统制造企业，不得不改变传统的经营方式，开始积极地转型，俨然把“互联网 +”“VR”“网红经济”等新模式当作自己转型的“救命稻草”，或者被认为是传统企业转型成功的“万能膏药”。

这样的做法虽然有待商榷，但是却是传统企业转型路径的一个尝试。不可否认的是，在转型过程中，当传统企业以“互联网”“VR”“网红经济”基础进行转型时，其转型的战略意义就非同小可。

那么，什么是传统企业呢？一般来说，传统企业分为广义传统企业和狭义传统企业。

狭义的传统企业，是指劳动力密集型以制造加工为主的企业。很多研究者常把传统企业划到传统产业中，如电子行业、制鞋、制衣、光学、机械制造业等。

有的专家分析认为，传统企业是相对于信息化时代产生的一些互联网企业来说的，指的是以生产有形产品为主的企业，如石油、冶金、机械、煤炭、电器、电器设备、食品饮料、烟草、纺织服装、皮革羽绒、木材、造纸及印刷，等等。这些企业一般有如下三个特点：

（1）管理理念、经营方式、生产方式、产品结构以及渠道通路等存在自身局限，并且按照特定方式经营；

（2）带有明显的中国古老文化底蕴，无法大规模生产，且无法复制；

（3）带有极强的民族性和区域性。

上述三点说明，狭义的传统企业在经营过程中，其经营模式时常受到自身的限制，例如渠道的分销模式。一般地，传统的分销模式是“厂家—总经销商—二级批发商—三级批发商—零售店—消费者”。

在这样的营销模式下，企业经营者在营销中往往热衷层层严密的传统分销渠道，辅助以大量人力和宣传投入来争夺市场，这样不仅费时费力，而且其成本非常高。

广义的传统企业，是指在经过一段时间的经营后，企业优势已经被发展趋势替代，例如，腾讯、百度、搜狐等企业。

因此，即使像腾讯、百度、搜狐等企业也都面临转型的问题，更何况狭义的传统企业。在这样的语境下，转型就成为当下企业家们必须解决的问题。

在 2017 中国“互联网 +”数字经济峰会上，腾讯创始人马化腾提出，“‘互联网 +’是手段，数字经济是结果”，其理由是，“未来就是在云端用人工智能处理大数据”。这句话，或许能给传统企业转型些许启发。

在云计算分论坛中，嘉宾的对话也能得出一个结论——云计算、人工智能等技术，是发展数字经济的核心，云计算将成为科技企业及传统企业业务创新和发展的基石。

由此，传统企业为何需要转型的原因也就非常清晰。中国改革开放以来，大多数企业凭借中国低成本劳动力、海量的市场需求等优势创造了一个又一个奇迹，如今这几个优势都已然不再，甚至随着中国人口红利逐渐消耗殆尽，该问题也慢慢成为制约传统企业发展的主要因素。因此，在互联网+时代，虽然互联网技术未必能够完全颠覆传统企业，但是互联网这一工具或手段极大地提升了各行各业带来的效率，这无疑刺激了传统企业寻求转型。所以，在积极转型的过程中，经营者们只有转变僵化的思维，才能顺利地帮助企业成功转型。

那么，什么是企业转型呢？所谓企业转型，是指企业长期经营方向、运营模式及其相应的组织方式、资源配置方式的整体性转变。一般地，企业转型可分为广义转型和狭义转型。

（1）广义转型。企业转型是一个较为宽泛的称谓，往往被用于描述企业的变革行为。在相关文献中，除了“转型”，相关词汇还有“转制”“转轨”“转行”“战略转换”等。如果单纯仅从文字上理解，那么上述词汇都可以归类为企业转型。

（2）狭义转型。一般地，当企业经营者做出企业转型的战略决定时，往往有着强烈的动因。大多数企业由于其在所处行业的竞争能力不断降低，以及其竞争优势衰退或者丧失，或者由于企业所处行业的衰退，其发展前景黯淡，为了提升企业竞争力，不得不迫使企业经营者通过组织变革来提升企业内在的竞争能力。

外部环境的恶化迫使企业经营者不得不主动或者被动地实施战略转移，寻求新的盈利增长点，让企业挖掘商业潜在的巨大蓝海市场。

基于此，摆在传统企业面前的是，转型的方向在哪里？如何实施转型？如果企业一味地固守僵化的、传统战略思维，抑或是被动地接受外界的压力，匆忙地开启“转型”引擎，无疑是自掘坟墓。

在诸多转型路径中，有的传统企业已经成功转型；有的传统企业正在转型的路上，试图挖掘出自己的蓝海市场；也有的传统企业由于盲目多元化，忽视自身的具体情况，结果却在转型中身陷重围。经过一阵阵搏杀后，盲目多元化的传统企业犹如一颗颗瞬间即逝的流星，悲情地滑落在天际之中。因此，不管传统企业转型成功与否，都是在论证自己的转型路径，其勇气都是可嘉的。

事实证明，但凡能够做到百年的企业，在生存和发展的过程中都曾经历过多次转型。在这些企业转型过程中，其经营者敢于在自己拥有绝对优势的价值链上下刀，比如IBM。早期的IBM主营业务是计算器，后来才转型做电脑业务，再其后做软件业务，把个人电脑事业部出售给联想集团。经过几次转型，IBM才成为伟大的蓝色巨人。

为了揭开传统企业转型成功的面纱，在撰写本书的过程中，作者采访了上百家企业的老板、职业经理人，以及商学院的教授等，期望能够成为更多传统企业经营者在转型时可以参考的一个范本。由于水平有限，书中难免有疏漏之处，欢迎读者批评指正，在以后修订时更正。

目 录

Contents

第一章　传统企业转型：自杀重生，他杀淘汰　/ 1

第一节　转型最大的障碍，源于过去的成功　/ 2

第二节　传统企业遭遇转型失败的根源　/ 9

第三节　企业转型不是找死，而是新生　/ 16

第二章　传统企业转型的顶层设计　/ 24

第一节　启动互联网 +　/ 24

第二节　创新商业模式　/ 33

第三节　应用大数据　/ 47

第四节　激活 O2O 平台　/ 54

第五节　重构价值链　/ 62

第三章　传统企业转型的“术、法、道”　/ 68

第一节　传统企业转型的“术”：以技术升级转型为基础　/ 69

第二节　传统企业转型的“法”：敢于放弃短期利益　/ 75

第三节　传统企业转型的“道”：构建长青的赢利系统　/ 82

第四章　传统企业转型 10 个着力点　/ 89

第一节　思维转型：颠覆传统的转型思路　/ 90

第二节　战略转型：跨界边界正在扩张　/ 98

第三节　营销转型：用户比客户重要　/ 104

第四节　组织转型：团队创客化　/ 109

第五节　管理转型：扁平化的管理体系　/ 120

第六节　资本转型：从银行转向众筹　/ 123

第七节　服务转型：让用户积极参与　/ 128

第八节　危机管理转型：危机应对必须快准狠　/ 137

第九节　生产转型：满足用户的个性化定制需求　/ 147

第十节　消费场景转型：传统企业跟上用户变化的需求　/ 153

参考文献　/ 158

后　记　/ 161

第一章

传统企业转型：自杀重生，他杀淘汰

自从 2011 年以来，转型就成为中国企业界的一个管理热词，但凡不提及转型，似乎就有点跟不上形势的需要。

关于转型，海尔集团首席执行官张瑞敏曾经在公司内部讲话中用八字方针——“自杀重生，他杀淘汰”来解读转型的紧迫性。

当我们回顾这几年倒下的巨头企业就不难发现，柯达公司因为没有选择“自杀”，放弃最先研发的数字照相技术，死守胶卷照相技术，结果被“他杀”了。

又如，昔日手机巨头诺基亚公司，放弃转型，最终被苹果公司、三星公司“杀死”了。不管是柯达公司，还是诺基亚公司，跨国公司纷纷倒下的浪潮让张瑞敏忧虑。基于此，张瑞敏不得不开启“自杀重生，他杀淘汰”的转型引擎，风风火火地启动了海尔史上最为惨烈的“自杀”工程。仅在 2014 年，海尔就裁员 1 万人，而在这之前，海尔已经裁员 1.6 万人。

可以肯定地说，海尔集团的“自杀重生，他杀淘汰”式转型，与其说是传统企业转型的一次伟大尝试，倒不如说是一个传统企业血与泪的变革创新。

由于当下互联网技术带来的管理革新，已经颠覆传统管理模式，加上传统的企业边界已经缺乏理论支撑，消费者的个性化需求越来越强。这就迫使传统企业不得不开启转型的引擎，正如张瑞敏所言——“自杀重生，他杀淘汰”。

第一节　转型最大的障碍，源于过去的成功

很多企业家不愿意转型，一个原因是他们总沉溺于过去的成功中。例如，柯达是世界上最先研发出数码照相技术的企业，但由于死守胶卷业务，最终以破产告终。为此，苏宁创始人张近东坦言：“企业转型最大的障碍是很多人总沉溺于过去的成功。”

张近东的告诫，源自其管理实践。学者磐石之心高度地评价了苏宁，磐石之心撰文指出：“苏宁曾是民营企业第一名，海尔是中国白色家电领导者，万达是商业地产的标杆。这些企业都是诞生于改革开放之后的 80 年代，他们是第一次改革开放红利的受益者。研究发现，企业只要不经历转型危机，它们总会迅速地爬上抛物线的最顶端。这三家企业无疑都是如此。成功令人眩晕，同时也会成为转型的包袱，这是几乎所有人都清楚的真理。然而从帝王到企业，再到个人，都普遍存在着‘自我麻醉’的现象，也可以叫作‘装睡的人’。”

的确，诸如此类的巨型企业，每次转型无疑都是最为艰难的一件事情，特别是当它们爬上抛物线的最顶端时。上述三家企业中，其转型面临同样的问题。由于自身的成功，特别是在占据行业优势的情况下，自然会阻碍企业的积极转型，甚至还可能成为转型中最为沉重的包袱，因为转型最大的障碍，不是对未知的不确定，而是源于过去的成功。

一、转型不是放弃企业拥有的一切竞争优势

很多传统企业经营者之所以拒绝转型，是因为不愿放弃曾经拥有的竞争优势，不愿尝试新的挑战。正因为如此，很多企业家才信奉“转型是找死”的僵化思维。

事实上，转型不是放弃企业拥有的一切竞争优势。苏宁、海尔、万达三家企业的转型印证了此观点。

2006年至2007年，国美电器创始人黄光裕曾打算收购苏宁电器，张近东对黄光裕说道：“苏宁您买不起，我做不过您，就送给您。”

在得到明确拒绝并购的回复后，黄光裕转而收购永乐电器、大中电器，其规模比苏宁电器大了一倍。

正是在这样的背景下，作为创始人的张近东，要求苏宁员工练好内功，积极主动地与IBM、SAP合作，其后上线了ERP系统，完善物流、IT系统。苏宁因此实现了企业的信息化变革，降低了苏宁电器的运营成本，提高了竞争优势。

这样的变革，为苏宁电器超越国美电器打下了坚实的基础，同时也为苏宁向互联网+零售转型吹响了号角。

基于此，张近东结合当时苏宁1600家门店，将这看似包袱的资产用线上线下同价，以及O2O[①]战略，变成了苏宁电器自己的竞争优势。

苏宁电器的案例足以说明，传统企业在转型过程中并不是抛弃一切曾经拥有的竞争优势，而是拆解出传统企业自身的竞争优势，并利用当下火热的互联网技术去实现互联网+。

在苏宁电器转型的过程中，张近东坦言，苏宁在转型时面临着前所未有的挑战，他在公司内部会上说道：“转型不成功，我就不退休。不转变思想者，走人。”

---

① 即“Online To Offline”的简称，线上到线下。

作为传统企业的苏宁电器在转型中，第一步的战略转型，是把苏宁电器改为苏宁易购，积极地拥抱互联网 +O2O 模式。

苏宁电器的此次转型，主要是通过 C2B[①]、众包打造互联网零售企业的极致单品模式：以互联网 +O2O 模式创新互联网渠道模式；以开放思维打造“物流云、零售公有云和金融云”三流合一的互联网零售生态圈。

事实上，苏宁电器拥抱互联网 +O2O 模式，源于 2014 年的年报数据。2015 年 3 月 30 日，苏宁电器发布 2014 年年报，苏宁电器 2014 年全年营业收入为 1089 亿元，同比增长 3.45%；净利润为 8.66 亿元，同比增长 133.19%。

从苏宁电器发布的公告分析来看，苏宁电器 2014 年的发展态势基本分成两个部分：苏宁电器在 2014 年的第三和第四季度营业收入增长较快，同比增长分别为 15.90%、16.31%，其中互联网业务同比增长分别为 52.26%、42.25%。

在 2015 年第一季度，让投资者关注的线上业务也保持良好增长。这样的业绩足以证明，线上业务已经成为苏宁电器的发力点。

据公开的财报数据显示，截至 2014 年底，线上业绩占苏宁电器整体销售比例已经高达 32%，真正达到三分天下有其一，这就是线上业务成为苏宁电器拉动 O2O 整体增长的关键点。

当然，苏宁电器向互联网 +O2O 转型，还有其内部的战略布局。当“互联网 +”成为 2015 年热词时，互联网 + 银行、基金 = 互联网金融，互联网 + 制造业 = 工业 4.0，摆在苏宁电器面前的就是互联网 + 传统零售行业 =?

为了找到这个答案，苏宁电器拿出自己的转型方案，拥抱互联网 +O2O 模式，这些都试图给出最佳的答案，即互联网 + 零售其方向有两个：第一，云和大数据；第二，O2O。在 O2O 方面，苏宁电器从线下向线上融合，由过去纯线上电商向线下发展，这主要是较多产品的物理空间体验是不可或

① 即“Customer To Business”的简称，消费者到企业。

缺的，用户需要更多场景的叠加体验。

这样的变化，给苏宁电器拥抱互联网 +O2O 模式提供了逻辑依据，在前端实现线上线下融合，在后端则是物流、资金流、信息流的互联网化，同时在组织架构上做出调整来适应互联网快速创新。因此，张近东在 2015 年一开年就提出了“新苏宁新节奏”的新目标，并明确要对标互联网公司制定高位增长目标。

2015 年 8 月，张近东出席首届“互联网 + 零售”紫金峰会，并作“互联网 + 的入口、出口和接口”主题演讲。张近东指出，未来十年将是互联网 + 的十年，而未来将涌现出更多优秀的企业，苏宁电器将在互联网 + 转型中扮演接口的角色。

张近东做出的判断是，互联网会像阳光、空气和水一样，渗透到各个行业。传统行业在转型过程中会遇到一些困难，但最终会落地。因此，张近东指出，苏宁电器希望做实体行业和互联网企业的接口。实体伙伴，通过苏宁的接口，可以直达互联网用户；而互联网伙伴，通过互联网的接口，直达传统商家。

客观地讲，苏宁电器积极地探索转型，是一个值得传统企业经营者借鉴的案例。为此，时任商界传媒集团副总编辑周攀峰评价说道：“在变幻莫测的商业环境中，企业必须随时调整自己的商业模式。管理者可以把商业模式想象成一套积木，在搭积木的游戏中尝试用新的积木来扩大策略范围，用不同的搭配方法来创造出新的盈利组合。”

面对苏宁电器的积极转型，腾讯创始人马化腾认为，互联网具有打破信息不对称、降低交易成本、促进专业化分工和提升劳动生产率的特点，为经济转型升级提供了重要机遇。

除了苏宁电器的张近东之外，海尔集团在张瑞敏的领导下也在积极地转型。

当然，传统企业在积极转型的过程中，遭遇困难和挫折就难以避免。张近东坦言：“如果我做（转型），可能会犯错，苏宁可能会倒下；如果不做，苏宁肯定倒得更快。”

二、不可逆的技术进步，唯有积极转型

对于任何一个传统企业经营者来说，摆在其面前的问题是，现在已经没有时间讨论是否要转型的问题，而是该讨论如何成功转型的问题了。

尽管这个问题非常简单直接，但是却困扰了很多传统企业经营者，他们看过一些财经研究者的文章，在这些文章中透露出一个观点——“不转型是等死，转型是找死”。

这些传统企业经营者非常迷惑，既然都是死——等死或者找死，为什么还要积极地去转型呢？其实，这样的观点是错误的。但凡有一点逻辑常识的人都会知道，企业要想基业长青和永续经营，转型是一项不得不面临的抉择。

海尔集团首席执行官张瑞敏说过：“互联网转型只有开始没有结束，是不断优化迭代和完善的过程。海尔的目标是成为真正的互联网企业，全球的大企业都遇到在互联网时代如何转型这个难题，但是都没有找到答案。现在海尔还是在没有路标的情况下不断探索试错，取得了一些样板成果，很多企业也在学海尔，也得到了国际一流商学院、学者的认可，所以现在海尔处于‘找对路’的阶段。”

面对一切传统企业都将互联网＋的趋势，作为传统企业的海尔、万达等中国企业，率先开启了转型的引擎。尽管其转型的路径方法各有不同，但是转型的方向也基本向互联网＋靠拢。

与工业化思维的大规模生产、大规模销售、大规模传播等特征不同的是，今天的互联网＋思维正在重构市场、用户、产品以及产业价值链，使得用户迈入一个以开放、平等为特征的信息化革命的全新消费时代。

如通信领域，当互联网＋通信之后，即使通信已经成为用户必不可少的生活方式，但在大型城市，用户们几乎都在使用即时通信 App 与亲人、朋友、合作伙伴等进行语音、文字，甚至视频沟通和交流。

即时通信App进行的语音、文字，甚至是视频导致传统运营商语音和短信收入大幅度下滑。作为传统运营商的中国移动、中国联通、中国电信曾把微信、QQ等这类即时通信App作为自己最大的威胁，简直如临大敌一般。

但随着互联网技术的普及，传统运营商的收入结构出现了变化，数据流量业务的收入越来越多，大大地超过了语音和短信收入下滑的损失。从这个角度来分析，互联网技术的发展并没有彻底地颠覆通信行业，相反还促进了传统运营商进行相关业务的变革升级。

作为传统运营商代表的中国移动来说，不得不开启互联网+引擎。为了对抗微信等OTT[①]服务，中国移动被动地推出了融合通信（RCS）服务。尽管中国移动前董事长奚国华宣称“OTT与运营商是‘鱼和水’的共生关系”，但是互联网大潮正在拍打中国移动的大门。

在中国移动前董事长奚国华看来，移动互联网的高速发展正在颠覆很多传统企业的业务经营，也包括中国移动。在这样的背景下，被动地推出融合通信服务已是大势所趋。

奚国华坦言：“技术的进步是不可逆的，运营商的传统业务正在被颠覆，但是运营商不可能因此被动待毙，也在积极转型。”

在这场被动的转型过程中，中国移动这头大象也在积极地探索符合自身的转型战略，因为奚国华明确地说：“很明显，话音业务已经走到头了。”

根据中国电信的数据显示，2015年除夕短信峰值业务量与2014年同比下降31.97%，中国联通除夕当天的短信业务量为10.7亿条，同比也有所下滑。尽管中国移动没有公布除夕短信业务量，但是可以肯定的是，微信、QQ等即时通信App冲击短信业务，其下滑也是情理之中的。

事实上，最近几年的短信业务量依旧保持下降趋势，不单单是春节拜年短信在减少，即使在非节假日，越来越多的用户也在使用微信和QQ等

① OTT是英文“Over The Top”的缩写，指通过互联网向用户提供各种应用服务。目前，典型的OTT业务有互联网电视业务、苹果应用商店等。

即时通信 App。这或许是互联网技术的一大进步，同时也是短信业务的陨落宿命。

在当下的移动互联网时代，微信、QQ、易信等互联网颠覆性产品已如雨后春笋般出现。基于此，中国移动正处在语音经营向流量经营的转变过程中，传统运营商除了做好智能管道，还应在未来的数字化服务当中占有一席之地。因此，奚国华不得不寻找新的突破点。奚国华说：“在移动互联网的大潮下，我们正在寻找新的突破，即流量经营，所以中国移动要大力推动 4G 的发展。”

由此可见，中国移动在转型中不得不向互联网靠近。正如中国移动总裁李跃在 2014 年 12 月介绍的那样：“这其中，中国移动即将推出的融合通信服务，以及在线服务公司、咪咕科技公司和互联网公司的成立，都是出于这样的战略考量。”

中国移动成立诸多专业服务公司，旨在寻求自身转型的突破点。在这里，我们以备受关注的咪咕公司为例。资料显示，咪咕公司是中国移动旗下负责互联网内容运营的主要载体，将面向音乐、视频、阅读、游戏、动漫等内容领域运营，是中国移动负责数字内容领域的产品运营和服务一体的专业子公司。奚国华把咪咕公司定位为，通过与内容合作伙伴的收入分成，咪咕公司实现千亿元的营业收入目标。

由此可见，奚国华对咪咕公司的期望非常高，其战略意图是把咪咕公司再造成下一个中国移动。因此，奚国华曾坦言说：“中国移动将赋予这些专业公司更灵活的机制体制和灵活性，允许外部资本注入并逐步推进专业公司的独立 IPO[①]。”

为了更好地激活专业公司的竞争力，李跃介绍说：“我们希望把专业公司的运营机制逐步与互联网公司接轨，用专业公司的运作方式，让中移动旗下的互联网基地业务发展壮大，最后纳入正常的发展轨道。”

① 首次公开募股（Initial Public Offerings，简称 IPO）是指一家企业或公司（股份有限公司）第一次将它的股份向公众出售。

中国移动成立专业服务公司，其目的是在实现自身的战略转型，即中移动面向互联网、架构重组、组织创新、企业重构迈出的第一步。为此，学者阿里木撰文预测："未来，中国移动将成立更多的互联网内容专业公司，以提升集团公司整体的创新力与活力。"

在互联网+时代，互联网思维正在改变着用户的需求。中国移动的转型足以说明，互联网+不是在颠覆传统产业，而是对传统产业的换代升级。正如马化腾所言："它是对传统行业的升级换代，不是颠覆掉传统行业。"

在马化腾看来，互联网+特别是移动互联网对原有的传统行业起到了很大的升级换代的作用。可以肯定地说，互联网+不仅正在全面应用到第三产业，形成了诸如互联网金融、互联网交通、互联网医疗、互联网教育等新生态，而且正在向第一产业和第二产业渗透。马化腾表示，工业互联网正在从消费品工业向装备制造和能源、新材料等工业领域渗透，全面推动传统工业生产方式的转变；农业互联网也在从电子商务等网络销售环节向生产领域渗透，为农业带来新的机遇，提供广阔发展空间。

基于此，像中国移动这样的传统企业，成立专业服务公司的这种战略转移，极有可能是企业经营者继续旧有行业的相关业务，同时进行延展多元化业务，也可能完全退出旧有业务，全部进入拓展新的业务。

第二节　传统企业遭遇转型失败的根源

转型，转型，还是转型，这个被媒体屡屡提及的词汇早已烙印在企业家的心中。尽管有些企业家不愿意提及或者主动提及，但是转型这两个字关乎一个企业的生死，关乎企业的持续发展和基业长青。

究其原因，诸多巨型企业，比如年销售额过10亿元的企业，凭借的往往就是传统的渠道、团队和规模制造。一旦让这样的企业经营者积极主动地转型，其难度可想而知。

像柯达、诺基亚这样的巨型企业，自身的企业文化、管理规范、专利创新等都是全球顶尖的，让其积极主动地转型，真的是难上加难。这就是柯达、诺基亚为什么从用户视野中消失的一个原因。

一、遭遇转型败局往往源于企业自身

2014年，在闽浙服装业的一系列“老板去哪儿”的跑路事件中，温州腾旭服饰董事长徐云旭无疑是此次跑路事件中最受瞩目的老板之一。

确实，从被媒体高调称赞的商界奇女子，到被警方悬赏通缉，徐云旭的跌宕变化，引发温州商圈的反思。

媒体披露，作为女企业家的徐云旭，精于个人打扮。擅长在商界席间穿梭的她，一直颇受媒体的瞩目。由于出身草根，加之女性身份的特殊光环，徐云旭和她经营的腾旭服饰因此被作为温州商圈成功的案例之一。

然而，造化弄人，在最后倒塌时，作为美丽女企业家的形象显得更为戏剧化。2014年5月，有关“温州腾旭服饰有限公司董事长失联”的传闻不胫而走。

后经温州市公安局证实，徐云旭因涉嫌出口退税问题被立案调查，经侦部门联合税务部门成立专案组调查此事。

2014年8月1日，温州公安局在其官方微博上发出对其母女通缉的悬赏告示：“近日，温州市公安局正在侦查一起骗取出口退税案，涉案金额巨大，主要犯罪嫌疑人徐云旭、潘银妹案发后潜逃。徐云旭，女，1974年出生，温州市区人，可能怀有6至7个月身孕。潘银妹，女，1952年出生，温州市区人。提供线索每抓获1人将给予1万至3万元奖励。”

在温州，警方悬赏缉拿因涉经济案件潜逃的老板非常少见。熟悉腾旭集团的资深人士在接受《21世纪经济报道》采访时认为，徐云旭等人的税务问题也许并不假，但其背后更巨大的资金链危机，才是诱发此次系列事件的核心原因。

公开资料显示，徐云旭所经营的腾旭服饰公司成立于1993年。当时的徐云旭只是一名普通纺织女工，几乎没有任何管理经验。尽管如此，徐云旭却成功地将小作坊式的公司一步步做到温州当地颇具规模的服装知名企业。

与众多温州本地的服装企业定位类似，腾旭服饰也是集设计、开发、生产、营销为一体，并拥有进出口自营权的外向型服饰企业。公开资料显示：腾旭工业园区用地面积合计75亩，固定资产3.2亿元，年产值3.5亿元，拥有超过1200名员工。

熟悉腾旭集团的资深人士在接受《21世纪经济报道》采访时介绍："由于产业基础和各种历史原因，一批像徐云旭这样白手起家、实业管理经验平平的服装行业管理者，迅速占据了温州的传统行业。早期的低价竞争，给了这些企业肥沃的发展土壤，进入21世纪以后留下的企业基本都已小有规模。然而，企业家的管理能力和产业眼光，却并未随着时间的变迁有较大的改善。"

在他看来，徐云旭和她所代表的这一批温州草根企业家，因为数年前金融放贷的短暂爆发而迷失了判断，误入房地产投资、扩大投资领域直接拖累了如今的企业发展。该观点的依据是，2008年，为了解决危机，中央政府出台四万亿投资计划，这就极大地刺激了温州的房地产市场。

由于房地产市场的不断膨胀，无疑催生了赫赫有名的温州炒房团，与此同时，也让成千上万的本身与不动产投资毫无瓜葛的温州实业家，大量地从实业企业抽出大量资金进行炒房。

熟悉腾旭集团的资深人士在接受《21世纪经济报道》采访时补充说道："以徐云旭的能力，在企业管理与投资方面，原本腾旭服饰的规模已是其极限。当地方贷款突然爆发，银行找上门来希望企业贷款投资，像徐云旭这样的企业家几乎一夜间'身家暴涨'，钱多得不知该投向哪里，而又听闻房地产最容易赚快钱，于是抱团进入。"

在此轮房地产投资中，"起码有20%～30%的企业，都参与了房地产的投资"。目睹了商会内多家服装企业跨界投资、深受负累进而经营困难之后，温州市服装商会会长、工商联副主席、浙江奥奔妮（集团）服饰有限公司董事长郑晨爱直言，如今的温州服装企业都已经获得了惨痛的教训——“以前企业家大多认为房地产没有风险性，经过这次的重大挫折后，基本都不敢再去乱做这些投资了”。

根据媒体的披露，类似情况还有很多，数家温州知名服装企业的经营情况多已命悬一线，风雨飘摇。一位实业界资深人士在接受《21世纪经济报道》采访时直言道：“温州有名气的服装与制鞋企业的倒塌，在后面还会更多。”

作为温州实体经济的支柱之一，服装行业在进入2014年以来可谓是危机四伏，各家当地知名企业纷纷卷入负面消息，昔日的服装重镇正经历着剧烈的震动。基于此，研究者和媒体纷纷将温州服装业的如此现状，归结为产业升级乏力与企业主经营理念落后，以及盲目转型所致。

面对外界的质疑，温州市服装商会会长、工商联副主席、浙江奥奔妮（集团）服饰有限公司董事长郑晨爱在接受《21世纪经济报道》采访时坦言：“服装业转型升级中，地方政府制订的政策是存在一定问题的。诸如转型去做清洁能源和造船业这些项目，很多都是行政性的硬性规定，最终干扰了市场。企业应做一些力所能及的事情，而不是不计风险的转型。”

郑晨爱进一步表示：“转型升级往往都是周期长、风险大。前些年温州金融圈互保现象严重，如果要靠高息贷款去做这个事情，风险就更加被放大，并且周期越长，利息负担就重。当前的金融状况使产业升级变得困难。企业虽然知道该怎么转，但资金不足。”

温州传统服装企业在转型中遭遇困难，其主要原因还是源于企业家自身盲目出击，结果使得长期处于微利或未盈利状态的企业雪上加霜。不仅在温州，在深圳也同样面临如此问题。

2014年9月9日，对于深圳华仁实业公司（以下简称华仁实业）来说，是一个非常悲痛的日子。工作人员在华仁实业工厂门口贴出告示，正式宣告华仁实业倒闭。

该告示宣称，由于深圳的房地产行业不景气，低迷的大环境直接影响家具企业的生存。

对于任何一个写入大败局的企业来说，导致企业处境艰难的原因主要有两个：一方面是受外界环境的影响；另一方面是企业自身的经营管理不善等问题。这两方面的原因叠加在一起时，最终导致企业严重亏损，资不抵债，不得不宣告倒闭。华仁实业就是如此。

告示还称，华仁实业已经借债为员工发放了工资，已遣散大部分工人，同时也将华仁实业的设备、存货及各种资产保留在工厂内，留待法院处理后续相关诉讼及财产处理工作。

大量事实证明，很多企业倒闭时，资金危机往往成为压倒企业的最后一根稻草。企业现金流一旦断裂，那么倒闭也就是一件理所当然的事情。

据公开资料显示，华仁实业是过去的知名品牌“百兰床垫”的母公司。既然如此，为什么会在转型中倒下了呢？

华仁实业负责人一直期望以品牌制胜的方式来赢得市场，尽管这样的愿望很好，但是在转型的过程中，由于步伐迈得太快，尤其是快速地布局全国后（各地铺开70多家工厂直营店），由于自身经营不善，导致大部分工厂直营店亏损。

上述案例说明，华仁实业公司只不过是传统企业在转型中遭遇困局的一个非典型案例。2014年6月以来，深圳相继有多个家具企业遭遇发展困境。例如：知名家具企业——华源轩公司，在IPO失败后，融资未果，华源轩公司因此遭遇资金危机；昔日深圳家具业翘楚——富之岛，同样也遭遇资金危机。

随着华源轩、富之岛、华仁等企业接二连三陷入危机，研究者因此认为，深圳传统优势行业的发展模式已不再符合时代发展，企业变革势在必行，在积极转型的同时，改变思维方式势在必行。

对此，业内人士如此评价深圳知名家居企业遭遇的倒闭危机：“船调一半，没油了，于是转不动了。”

在业内人士看来，深圳传统优势行业遭遇转型失败，其实问题出在企业自身。主要有以下三点：①产品问题，当市场流行健康类实木家具时，昔日的龙头还投入巨资引进世界先进家具生产线生产板式家具；②市场问题，当国内消费提升急需拓展三四线市场时，还停留在一二线市场的渠道架构上；③资金链问题，华源轩和富之岛均制定了大规模扩张策略，富之岛更是在山东投资建设大型家具工业园，并将解决资金困境的希望寄托在上市融资上，但 IPO 失败使其不仅难以解决资金链问题，反而因为要规范财务而背上巨大的成本包袱。

这样的失败案例警示传统企业经营者，在转型过程中，必须稳步，在开启未来高速发展引擎的一个关键节点时，必须充分考虑企业自身的情况，更不能盲目和激进。

二、盲目与激进的转型均不可取

当成功的企业转型成为媒体头条时，一些传统企业经营者就开始宣扬，要不遗余力地启动企业转型。然而，企业转型可不是沙盘上的“兵棋推演”，一旦选错了方向，那么就可能会导致难以承受的沉没成本。

《人民日报》发表评论文章说道：“有些企业跨行业发展有点令人匪夷所思。在没有优势的情形下，企业去挤占一个陌生领地的市场份额，这是相当困难的。如今，中小企业的困局凸显在融资困难、用工紧张、成本飙升、税负压力等。面对复杂的局面，中小企业如何突破？自身转型升级，提高自身的竞争力和产品附加值，还是坐等政策扶持，继续老本行？这是一个问题，值得每个企业思量。企业不论最终的思考结果如何，避免盲目和激进，明白优势与劣势，或许才是最为重要的。”

在《人民日报》评论员看来，企业在转型的过程中，既要保持足够的转型态度，又必须慎重地转型，因为企业在转型过程中盲目与激进都是不可取的。

“前两天见到一家企业，从传统制造业转型，为建互联网平台已经烧了2亿多元，都是从牙缝省下的血汗钱，几年过去仍不见起色。员工工资下滑，士气滑落，节约成本到抠门的程度，老总自己开辆普通车接送客户……”

这是财经作家叶檀披露的一个转型遭遇资金困境的真实企业案例。这个案例说明，传统企业在转型过程中，也需要充裕的现金流，否则将是“出师未捷身先死，长使英雄泪满襟”。不但没有转型成功，结果却跳进转型的悬崖边不能自拔，甚至还可能掉下悬崖摔死，这样的事情每天都在发生着。

2015年6月，因合同谈判破裂，广州蓝月亮实业有限公司（以下简称蓝月亮）产品遭大润发、欧尚、家乐福、人人乐等多个大卖场下架，波及全国多个大区。

双方合作破裂，主要的原因是商超渠道的各类费用过高——进场费、陈列费、扣点、DM（快讯商品广告）、促销等费用竟然占到洗衣液售价的30%～35%。因此，蓝月亮不得不与家乐福、大润发等商超展开谈判。由于蓝月亮自身缺乏渠道的支撑，谈判筹码相对较少，商超甚至以通过让蓝月亮产品下架提升其谈判主动权。

在权衡利弊之后，蓝月亮决定退出家乐福等商超渠道，由此开始了自己冒进的销售渠道转型。蓝月亮开始着手自建渠道，推出了专为互联网渠道量身打造的新产品——蓝月亮机洗至尊产品。与此同时，蓝月亮还试图通过自建线下渠道“月亮小屋”来销售产品。

此刻的蓝月亮，可谓是信心十足，毅然地通过产品创新来补足渠道上的不足。让蓝月亮经营者没有想到的是，由于自建渠道自身的原因，新产品的销售不理想，被视为翻身产品的新品终究没有博得市场的广泛关注。

线下渠道“月亮小屋”尽管已在北京、上海、广州等城市落地，但是从目前公开的数据来看，蓝月亮自建的门店屈指可数，且多数位于城市的偏远地段。比如在北京地区，仅有4家月亮小屋的社区专营店，大都分布在顺义区、密云区和昌平区等区域。

蓝月亮在月亮小屋的选址上，重点考虑了当前的微信用户，尤其是月亮小屋社区专营店，与线上微信平台“月亮小屋”捆绑，通过微信流量来转化为销售。

不仅如此，为补齐渠道上的短板，蓝月亮先后还尝试了O2O、直销、微商等多种新渠道模式。经过两年多的探索，蓝月亮的自建渠道发展却并不顺利，无可奈何，不得不又再度回归商超渠道。

蓝月亮的困境，是当前洗涤企业在渠道转型过程中遭遇诸多困难的典型案例。在此次渠道转型中，蓝月亮的渠道变革虽然获得了业内的好评，但是蓝月亮在探索过程中的失利也引发了行业思考。既然传统的渠道为王时代正在悄然过去，甚至像商超这样的渠道已经不能长久为品牌提供外在动力，那么面对传统企业需要探索更多有利于突破此瓶颈的新路径，打破此“魔咒”。

作为行业品牌的蓝月亮，除了在产品上持续创新之外，在重视传统渠道的同时，还需要考虑现在的行业经济发展现状——在大多数企业对传统商超渠道依赖性较高的情况下，贸然一刀切的做法是有待商榷的，同时还需要下沉自建渠道，因为像京东、淘宝这样的电商物流已经从一线城市向二三线城市以及四线、乡镇不断地下沉，这给像蓝月亮这样的传统企业拓展二三线城市以及四线、乡镇提供机会，同时也为线下的月亮小屋扩张提供实证案例。

第三节　企业转型不是找死，而是新生

2011年，敏锐的媒体人已经觉察到传统企业转型即将到来。2011年9月24日，《经理人》杂志社社长于绍文出席2011年中国CEO年会表示，横亘在传统企业面前的转型之路异常艰难。

于绍文认为，导致“企业不转型等死，转型找死”的一个重要原因是，有的传统企业在转型中走进了思维误区，用旧的思维观念和模式去操控一场求新的自我突破。这样的转型成功概率自然很低，转型成功的概率不到50%。

于绍文为此说道：“很多鞋业加工企业，还用旧式的思想观念和管理模式，还停留在简单加工层次上。这样的企业在转型期必然会死掉，因为中国的劳动力成本已经提升，我们拼不过越南。”

在于绍文看来，中国企业，特别是中小企业，正在经历艰难的转型。停一批，关一批，死一批是肯定的。于绍文提醒传统企业经营者说道：“要注意转型中的误区和陷阱……很多企业进行盲目的多元化扩张，特别是国家推出新兴战略性产业之后，多头冒进。还有曾经在多元化经营方面吃过亏的李宁，现在开始进军房地产。这种转型方式，其实就是短视的趋利原则。而对于另外一些企业来讲，又存在一个‘转型过度’的问题，在品牌延伸方面过于冒进，企业发展的多元化产品超越了一个品牌所能承载的界限；财务过度透支，最终导致企业现金流紧张。”

基于此，传统企业在转型时，必须掌握和突破核心技术，才能真正地实现转型。于绍文补充说道：“还有一种观点认为，转型就是从价值链的低端转向高端，是这样吗？也不是。想进价值链高端的企业，首先考量自己是不是具有技术行业标准资本的操控能力，如果没有那就要占据中游。价值链中下游的企业通过战略、管理技术的创新，同样会有自己的生存空间。”

从这个角度看来，作为传统企业转型，不是在自我找死，而是增加了自己的核心竞争力。

一、企业转型要重塑竞争优势

近几年，众多企业积极地推动自主创新、调整产品的研发和生产，纷纷通过转型来实现企业的产业升级，有效地重塑了自己的竞争优势。比如浙江宝绿特环保技术有限公司，该公司主要生产涤纶产品，是浙江多家纺织企业的原料供应商。

当遭遇纺织产业效益低迷的困境时，该公司积极地寻找破局的解决办法，跳出原有的发展模式，大幅地缩小化纤的生产规模，果断地转向高技术、高效益的环保机械生产。

在这样的转型思维下，该公司退出了化纤的生产，转型生产已具有国际先进水平的 PET 瓶片回收清洗设备，且该产品大部分出口，远销东南亚和欧美地区。

在诸多转型案例中，浙江宝绿特环保技术有限公司并非转型的个案。当服装、箱包等传统产业普遍遭遇行业效益下滑时，更多的中小企业经营者为了打破经营困境，不再拘泥于原有产业，大胆地进行产业升级和转型。比如紫光机械等一批原有五金企业，由之前的零配件加工，开始转向成品设备的研发和生产。经过几年的转型，紫光机械已经提升了自己的产业链。还有一部分五金企业与光机电企业，其经营者积极主动地探寻“战略联盟”，为其配套生产变速器、五金模具等各种五金产品，有效地延伸了自身企业的产业链。

在重工业行业，转型也如火如荼地展开，尤其是当转型如暴风骤雨般地冲击传统企业时，作为传统重工业制造的三一重工集团，不仅积极地拥抱互联网 +，开始自己的转型之路，更是把互联网 + 工业提高到战略的层面。

所谓“互联网 + 工业”，是指传统制造业企业采用移动互联网、云计算、大数据、物联网等信息通信技术，改造原有产品及研发生产方式，与“工业互联网”“工业 4.0”的内涵一致。2014 年，中国互联网协会工业应用委员会等国家级产业组织宣告成立，一些互联网企业联手工业企业开始了中国版“工业互联网”实践，“互联网 + 工业”的大幕已拉开。

2014 年 12 月，三一重工集团董事长梁稳根曾在涂鸦墙上写下了“互联网潮流，浩浩荡荡，顺之者昌，逆之者亡。”这句话。

在梁稳根看来，互联网 + 工业是大数据革命、云计算、移动互联时代背景下，对企业进行智能化、工业化相结合的改进升级，是中国企业更好地提升和发展的一条重要途径。

2014 年 12 月 23 日，在三一重工集团早会上，梁稳根继提出“互联网战略”要成为三一重工集团第一大战略之后，再次阐述互联网战略对三一重工集团的积极促进作用。

梁稳根指出，三一重工集团积极地拥抱互联网，将从三个层面展开：“第一个层面是要有互联网时代的思维与文化，要用互联网思维武装全员；第二个层面是在互联网文化的指导下，尝试商业模式的创新；第三个层面是技术应用，要让我们的设备、管理、流程、制造充分应用互联网。”

梁稳根在会上还举例说明互联网的重要性：“小米公司之所以在创办后的短短几年，实现几百亿元的销售规模，就是因为他们在互联网文化和思维武装全员的基础上，充分运用了互联网这样一种商业模式。同样是制造，我们制造大型机械，比他们的产品更复杂，更难做，但因为我们运用互联网还远远不够，还是停留在传统的商业文化中，通过传统的方式发展，这样就会被甩在后面。”

在互联网 + 席卷传统行业时，梁稳根的焦虑更为严重。为此，梁稳根形象地比喻说：“就好像在电气时代，别人都用上了电气，而我们还是在用牛和马。”

三一重工集团在过去的二十多年中，之所以能取得成功，很大一部分是因为三一重工集团的转型。

对此，梁稳根说道：“当时我们也是经过反复讨论、论证，提出打造研发、服务、制造上的核心竞争力，从拖泵这一个产品做起，通过进口替代，逐步扩张，从而快速占领市场。当时，还没有哪一家企业具备三一重工集团这样一种商业模式，所以我们取得了成功。而如今，到了互联网时代，我们要想继续取得成功，就必须依靠互联网，进行商业模式上的创新，这样才能取得新的发展。”

正是三一重工集团的战略转型，通过引入丰田生产方式，打造一流的数字化工厂，把产品品质做成了“数一数二”。

在技术应用层面上，梁稳根阐述道："比如我们的 SPS，以及技术研发系统、网络营销，还有智慧工厂等，这些都是我们在互联网商业模式下的技术应用。未来，我们要把互联网的基础技术，比如遥感、通信、计算机技术，充分应用到我们的设备、流程、制造、管理上。"

在梁稳根看来，"在互联网时代，不是我们颠覆别人，就是别人颠覆我们"。因为传统企业的转型，源于重塑企业的竞争优势。在三一重工集团的此次转型中，真正的"智能制造"，绝不是互联网融入传统制造业，而是传统制造业融入互联网。

易观商业解决方案高级咨询顾问史志伟高度地评价了三一重工集团的积极转型，工业企业进行互联网化，需要从观念、商业模式、生产流程、组织机构等方面进行彻底再造：首先，制造企业要放下身段，归零之前以自我为中心、认为自己是最好的观念，应以小学生的心态向先进的互联网企业学习如何更好地满足用户需求和更好地提升用户体验。其次，要认识到互联网将成为商业的底层架构，主动融入互联网，而不是被动等待互联网对自身的颠覆和革命。

二、企业转型要突破自身瓶颈

根据企业的生命周期理论，管理学家伊查克·爱迪斯把企业生命周期分为十个阶段，即：孕育期、婴儿期、学步期、青春期、壮年期、稳定期、贵族期、官僚化早期、官僚期、死亡。

当企业经过一段时间的发展，其发展往往会出现停滞或者是反复波动的现象，且持续时间较长。在此阶段，企业因此进入瓶颈期，有些企业经营者为了突破瓶颈，通常会积极地探索各种变革的方法，使之成功地转型。

在"互联网 + 工业"时代，中国企业同样会遇到自身发展瓶颈，因为新时代的商业价值，值得传统企业挖掘，甚至可以把互联网 + 工业作为自己转型的一个切入点。具体的办法是，通过互联网、移动互联网、云计算、大数据、物联网等信息通信技术，优化研发与设计、生产与制造、营销与服务各个环节。这样的流程变革无疑使得“互联网 + 工业”思维从产品研发、生产、销售等方面彻底地改造传统工业。

易观商业解决方案高级咨询顾问史志伟接受《新华信息化》专访时表示：“未来的工业体系将更多地通过互联网技术，以网络协同模式开展工业生产，制造企业从顾客需求开始，到接受订单、寻求生产合作、采购原材料、共同进行产品设计、制定生产计划以及付诸生产，整个环节都通过互联网连接在一起，彼此相互沟通，而信息会沿着原材料传递，指示必要的生产步骤，从而确保最终产品满足客户的特定需求。”

在史志伟看来，产品满足客户的特定需求是互联网 + 工业的一条路径。随着互联网 + 的普及，众多传统企业积极拥抱互联网 +，其中，长虹 CHiQ 电视就成为中国互联网 + 行动的一个国企样本。

2015 年 3 月 26 日，长虹 CHiQ 二代电视在绵阳发布。此次发布会上，长虹推出全球首台移动互联电视并同步上市。《数字商业时代》主笔金错刀撰文指出，长虹在此次发布会中，最大的亮点是 85 后产品经理陈科宇担任主角，而非长虹董事长赵勇，这在长虹新产品发布会上可谓是破天荒的事情。

这样的战略足以说明，长虹的转型不仅体现在用户需求，同时也体现在产品的发布人。当产品经理机制冲击传统的研发路径和发布新产品方式时，长虹的转型路径已经越来越清晰。

当然，作为传统企业的长虹，在积极地转型时，同样遭遇一些关键抉择。长虹 CHiQ 电视之所以能够取得成功，是因为“不转型是等死”。在互联网 + 时代，由于手机、平板电脑已经普及，传统的电视功能已经不再吸引年轻的用户。这成为横亘在长虹新产品研发面前的一道坎。基于此，长虹必须转型，只有这样方能重生。

为了解决这个问题，陈科宇及其带领的团队不辱使命，成功地研发出了长虹 CHiQ 电视二代产品。作为项目带头人，陈科宇在长虹的就职时间只有短短的 5 年，不过，其晋升的速度让同行惊叹不已。

2010 年，陈科宇进入长虹多媒体技术平台研究所；2013 年，不到 30

岁的陈科宇晋升为应用开发组组长，牵头完成电视产品的界面开发工作。

一般地，传统中国国营企业都是通过正常的行政晋升，不仅需要多年的资历，更需要经验的积累。这种晋升制度无疑打击了年轻员工的创意积极性。

为了改变这种晋升制度，长虹特此打破这种行政晋升制度，开创新的发展战略，践行产品主义，全面推动产品经理负责制。

2014 年初，长虹正式启动 CHiQ 电视二代项目。2014 年 3 月，陈科宇通过公开竞聘，进入长虹多媒体全球产品策划中心，担任应用规划部部长。

其后，陈科宇率领 80 后年轻团队，践行以互联网为基础的开发模式，坚持“从用户中来，到用户中去”的策略，深入调研各类年轻群体和高端用户，并且与之沟通，最终找到了年轻用户的喜好和需求。

在其位，必须谋其政。作为应用规划部部长，必须了解产品，同时又拥有研发背景，并且能够从整体上强化对长虹产品的规划能力。

在启动长虹 CHiQ 电视二代项目后，摆在陈科宇面前的难题是怎样把用户重新带回电视机前。

经过大量的调查数据显示，陈科宇发现，手机、平板电脑才是电视最大的竞争者。由于电视不具备手机、平板电脑的核心功能而被年轻用户摒弃。

长虹董事长赵勇全力地配合陈科宇的用户调研工作，调用长虹内部的一切资源，如 UCD、快益点、销售中心、BBS 社区中心、大数据中心等众多部门。其中，大数据和 BBS 社区对确定长虹 CHiQ 电视二代研发方向贡献最为明显。

在大数据的帮助下，陈科宇及其团队不负众望，最终掌握了成千上万的用户信息，包括学生、工人、教师等十多种不同职业的用户需求。

通过收集的用户看电视的所有行为，陈科宇及其团队分析用户喜欢的电视节目和功能。通过大数据，陈科宇发现，80% 家庭习惯在电视上看一周天气；BBS 社区设置自由发言区，用户可就任何产品问题提出意见、建议，甚至吐槽。当然，最有价值的是，一个关注长虹发展的用户发表了一篇万字的文章阐述对长虹电视的建议。

为了更好地了解用户的需求，陈科宇通过引导用户参与“什么是你理想中的智能电视”的有奖互动，更加进一步地明确了用户的核心需求，让用户把玩手机应用和游戏的时间重新转移到电视上。

陈科宇及其团队确定长虹 CHiQ 电视二代的研发方向后，立即投入产品研发中，在历时一年之久，陈科宇总结长虹 CHiQ 电视二代赢得用户的两大关键。

第一，电视与外设的互联是否需要一根连接线。刚开始，陈科宇把电视当作手机或者电脑的显示屏，所有功能都集中在 APP 中，手机与电视之间就不再需要一根连接线，即 WiFi 环境下手机可向电视发送视频内容。在当时，陈科宇及其团队认可这种产品研发方向，但是由于现有的技术难题，最终无法实现其功能，而导致创意流产。面临艰难抉择，陈科宇最终决定，长虹 CHiQ 电视二代增加连接线，主要是电视产品形态不能违背其本质。

第二，电视芯 + 移动芯协同运算。长虹 CHiQ 电视二代产品，是在第一代的基础上升级模块完成的，即 LOOK UP 魔方内置移动芯片，让模块与电视协同运算成为困扰陈科宇的一大难题。陈科宇坦言：“当时我们挣扎了很久，最终实现二者协同运算、存储。”LOOK UP 魔方类似手机，相当于把手机插在电视后面，手机应用全部投放在电视上，电视可管理手机上运行任务，部分场景下电视和手机两颗芯片能呈现出单颗芯片跑不出的效果，而且界面风格统一。陈科宇表示：“‘M+ 双芯’智联技术是长虹 CHiQ 电视二代最核心的技术创新，奠定里程碑式的产品级突破。”

传统企业转型的顶层设计

传统企业要想成功转型，就必须做好转型的顶层设计。对于传统企业经营者来说，其一切转型的基础必须建立在用户需求的基础之上，研发和设计的产品不仅需要极高的性价比，而且还必须满足其极佳的体验感。

当然，对于转型中的传统企业来说，顶层设计不仅需要在转型过程中改变传统企业自身的成本结构和商业模式，还必须尽可能地降低运营成本和提升自身的运营效率。

如小米产品，其顶层设计是，制造有格调的、高性价比的爆品。为了提升自身竞争优势，雷军敢在小米价值链的三大环节下刀：砍掉线下渠道、电视楼宇广告，先亏欠再赚钱，即“羊毛出在猪身上”，这样的顶层设计就极具借鉴性。

第一节　启动互联网 +

2015 年，“互联网 +”写进政府工作报告，上升为国家战略。此刻，“互联网 +”毫无争议地出现在论坛和媒体的头版头条上，一时引起了观察家和传统企业经营者的热议。

对此，万通创始人冯仑在亚布力中国企业家论坛闭幕式演讲中说道：“当互联网来袭时，不要抗拒，而是拥抱。拥抱的方法，就是逐步放弃原来基于信息不对称的既得利益，同时利用对行业的洞察，找到新的价值主张，重新树立自己的优势。”

由此可见，对于传统企业而言，在互联网 +X 的今天，传统企业转型的机会与挑战并存。因此，传统企业在转型时，需要积极地启动互联网 + 引擎，提升其竞争优势。反之，一旦不顺应潮流，就可能被竞争者打败。

一、TCL 的互联网 + 转型战略

在一些论坛上，“智能 + 互联网”已经成为主讲嘉宾指点江山的必备内容，其热度犹如小岛上的灯塔，给时下迷茫的传统企业经营者转型指明一个清晰的方向。

前几年，上涨的原材料成本、人力资源成本、研发成本等诸多因素影响传统企业的生存与发展，使得传统企业危机重重。

面对困境，作为传统企业的 TCL 集团，为了提升整体的核心竞争力，在其董事长兼 CEO 李东生的带领下，果断地转型，杀出一条血路，交出了一份满意的答卷——2014 年 2 月，根据 TCL 集团发布的财务报告显示，TCL 集团净利润同比增长 126.7%，达到 28.9 亿元。

根据“TCL 集团股份有限公司 2015 年年度报告”显示，TCL 集团实现营业收入 1045.79 亿元，同比增长 3.51%，其中销售收入 1014.59 亿元，同比增长 4.00%，净利润 32.3 亿元。

在传统企业举步维艰的情况下，TCL 集团交出了一份靓丽的财务报表，实属不易。不过，在 2014 年的财务报告中，略显尴尬的是，誉为 TCL 主业之一的多媒体集团却出现了小幅度亏损。

在《TCL 集团：2014 年年度报告》中，TCL 就明确提出，为了加速推进“智能 + 互联网”转型战略和建立“产品 + 服务”新商业模式，更好地提升不同业务板块的价值，有效发挥产业协同效应，进一步推动企业从单纯经营产品向“在经营好产品的同时经营好用户”转型，为用户提供极致体验的产品和服务，建立用户导向的企业文化、组织、流程和相应的服务能力，加快建立向社区及企业用户提供系统产品和服务的业务能力，集团调整和重组了“7+3+1”的产业及业务架构：①产品业务：保留了 TCL 多媒体电子、TCL 通信科技、华星光电、家电产业集团、通力电子 5 家产业集团，新组建了商用系统业务群和部品及材料业务群。②服务业务：新组建互联网应用及服务业务群，销售及物流服务业务群，以及金融事业本部。③创投及投资业务。

在该报告中，TCL 还公布了 TCL 集团 2014 年各产业收入及利润变动情况，见表 2-1-1。

表 2-1-1　TCL 集团 2014 年各产业收入及利润变动情况　（单位：亿元）

	销售收入	同比变动	净利润	同比变动
TCL 多媒体电子	265.66	−15.5%	1.90	改善 2.82 亿
TCL 通讯科技	245.24	60.3%	8.64	240.6%
华星光电	179.64	15.7%	24.34	7.60%
家电产业集团	100.38	7.68%	0.57	−51.9%
通力电子	42.48	17.2%	1.28	19.5%
商用系统业务群	27.31	不适用	0.39	不适用
部品及材料业务群	52.89	不适用	1.37	不适用
互联网应用及服务业务群	10.92	不适用	−0.02	不适用
销售及物流服务业务群	171.66	18.6%	1.72	不适用
金融事业本部	—	—	3.47	不适用
创投及投资业务群	—	—	4.45	不适用

注：互联网应用及服务业务群亏损主要为前期研发及资本性投入较大。

该报告还显示，报告期内，TCL 集团多媒体电子销售收入共计 265.66 亿元（335.26 亿港元），同比下降 15.55%，净利润 1.90 亿元（2.34 亿港元），经营业绩未达预算目标。受国内市场需求疲软及自身销售能力不足的影响，

TCL 多媒体电子在中国市场实现销售收入 174.71 亿元，同比下降 23.61%；海外市场小幅增长，实现销售收入 90.95 亿元，同比增长 5.91%。同时，该报告还介绍了 2013 年和 2014 年 TCL 电视机产品按技术功能和市场区域的构成情况，见表 2-1-2。

表 2-1-2　TCL 集团多媒体电子 LCD 电视机产品按技术功能和市场区域构成

（单位：万台）

	2014 年 1—12 月	2013 年 1—12 月	同比变化 (%)
LCD 电视机	1657.4	1718.4	-3.5
智能 / 网络电视	538.0	441.4	21.9
中国市场	850.9	990.8	-14.1
海外市场	806.5	727.6	10.8

为了改善运营效率、提升盈利能力，TCL 多媒体电子从 2014 年 11 月开始对战略和组织架构进行重大调整，成立董事会策略执行委员会负责总体经营统筹，由集团总裁、华星光电 CEO 薄连明担任执行委员会主席，重新梳理公司发展战略和经营策略，优化精简组织架构，并对若干管理职位进行调整和加强，以建立满足战略转型要求的业务流程和组织体系。

不仅如此，围绕“双 +”转型战略，TCL 多媒体电子积极推进 TV+ 智能电视平台建设。凭借集团在液晶面板、芯片、中间件开发等关键技术的领先战略布局，TCL 多媒体电子在改进用户视听体验方面快速推进大尺寸、超高清产品迭代，UI 运营和用户发掘能力显著提升。

该报告还显示，报告期内，TCL 多媒体电子在全球率先推出量子点电视，引领彩电业显示技术革命；相继发布了芒果 TV+ 电视、七 V 智能机顶盒、游戏主机等智能终端产品；并联合腾讯首家在 TV+ 平台全面导入微信应用和服务功能，推动多屏互动的体验实现和商业模式的建立。通过产品结构优化及成本控制，TCL 多媒体电子毛利率同比提升 2.22 个百分点，达 16.93%。

为了更好地实施转型，在互联网生态系统建设方面，TCL 多媒体电子成立互联网业务中心，依托 TV+ 智能电视、七 V 智能机顶盒、游戏主机、

IMAX 顶级私人影院系统等智能终端入口构建用户运营平台，深化与爱奇艺、芒果 TV、腾讯和 IMAX 等相关行业领先者的跨界战略合作，整合视频、游戏、教育、生活等内容和服务资源，为用户提供全方位的家庭娱乐解决方案。

据《TCL 集团：2014 年年度报告》数据显示，截至 2014 年末，TCL 多媒体电子智能网络电视的累计激活用户数为 674.7 万，智能网络电视日均活跃用户数为 226.9 万，TV+ 平台的可运营用户已初具规模，互联网业务的商业运营已具备基础和条件。

从《TCL 集团：2014 年年度报告》可以看到，在此次转型中，李东生果断地实施 TCL 转型战略——专注于“智能 + 互联网，产品 + 服务”。就这样，在 2014 年下半年，TCL 因此展开了自身的战略转型。

TCL 具体的做法是，在 2014 年下半年，TCL 智能电视推出“全球播”服务、通信业务、互联网金融服务、智能家庭业务、线上线下渠道融合的 O2O 系统。

TCL 这样转型，是有其理论依据的。事实上，在当下的互联网时代，欣欣向荣的互联网思潮席卷一切，传统企业不得不面临产能过剩、互联网企业“跨界”……这都给包括 TCL 在内的传统家电企业生存和发展带来巨大的压力。

2014 年年初，为了更好地拓展互联网，TCL 开启“智能 + 互联网”“产品 + 服务”的互联网转型“双 +”战略引擎。

当然，要想让一个传统企业，特别是像 TCL 这样的企业，在传统彩电、手机“硬件”业务的基础上，发展新的应用和服务业务，实现真正地转型，必须解决其瓶颈问题。

为了解决转型的瓶颈问题，据 TCL 多媒体 CEO 郝义介绍，作为先锋的 TCL 多媒体，已经新创建了一个互联网事业部，核心在于拓展内容和服务业务。

在此基础之上，TCL 多媒体还源源不断地推出新的产品和服务。如 TCL 多媒体已经开卖搭载游戏平台、微信功能的 OTT 机顶盒；TCL 多媒体推出微信电视；TCL 还将先后推出教育平台、生活平台，等等。

TCL 多媒体首次发布了第一款结合游戏平台的 OTT（Over The Top，即以 Over The Top 方式服务的互联网电视）机顶盒。该盒子搭载了 TCL 电视游戏平台，同时还与微信进行深度定制，即用户可以通过微信把海量的内容放到电视上。

不仅如此，TCL 多媒体与微信展开深度合作，特地推出微信电视。微信电视的功能体现在，用户可以通过微信中的朋友圈，将移动终端——手机与电视整合起来。如在观看世界杯足球赛时，用户可以直接通过微信与朋友分享实况转播的感受，并将其分享在电视大屏上。

TCL 与腾讯的深度合作并非首次，第一次深度合作是“冰淇淋”智屏。TCL 与腾讯联手，意在其背后的用户资源。在此基础之上，TCL 还与其他强者联合。在视频、游戏、教育、生活等领域，TCL 都倾向于与强手合作，如 TCL 与爱奇艺深度合作智能电视 TV+。在游戏方面，游戏的市场前景非常广阔，甚至将是智能电视的杀手级应用。

在互联网布局上，TCL 多面出手，TCL 通信为此创建移动互联网事业部，发展互联网应用、服务业务。

TCL 通信 CEO 郭爱平对外宣称：“TCL 移动互联网事业部有三个功能：第一，帮助现有智能手机业务，在营销、客服上创造一个好环境，带入电子商务时代，与用户沟通；第二，创造出一些新应用，与硬件结合；第三，TCL 通信不只做智能手机、平板电脑，未来还会做可穿戴产品，这个部门还负责建设一个开放的云平台，使将来的新产品都可以被服务，而且可以互联互通。”

二、眉州东坡的互联网 + 转型战略

当互联网 + 已经来临时，传统企业在转型过程中，特别是向互联网 + 转型时，不能把其当作一个时髦的口号，必须实实在在地把互联网 + 植入转型的基因当中。越来越多的传统企业，把互联网 + 作为转型的顶层设计

整合了起来，真正地掀动“马太效应”。

互联网的普及，改变了用户的购物习惯和生产厂商的产品设计思维。为了抓住互联网＋的发展机遇，越来越多的传统企业开始谋求另一条更好的基业长青和永续经营的生存与发展的转型之路。

对于传统企业来说，互联网＋已经成为所有企业经营者们在转型时都无法回避的棘手问题。无论企业家们经营地产行业、金融行业，还是传统的制造行业、服务行业，都逃不开互联网的冲击与改造。因此，传统企业在转型中，与其等死，不如冒着倒闭的危险，勇敢地冲向互联网＋的阵地。道理很简单，转型不好就意味找死，不转型也同样等死，无论向左走，还是向右走，企业经营者们都要面临一个极为艰难的抉择。

对于任何一个事情来说，都有两面性，在当下的互联网＋时代也是一样。当一些企业经营者积极地拥抱互联网＋时，这些经营者却突然找到了企业通往基业长青和永续发展的康庄大道。

作为传统餐饮企业的眉州东坡酒楼，创始人王刚却用正确的方式打开了互联网＋的大门。为了更好地实施互联网＋战略，王刚夫妻两个人甚至还去大学读总裁班，随时谦恭地向总裁班的老师们请教经营者遇到的难题，同时也把从总裁班学到的知识踏踏实实地运用在眉州东坡酒楼的经营实践上。正是因为王刚的坚持，在竞争激烈的餐饮行业眉州东坡越走越稳，越做越大。

眉州东坡从一个小酒楼，发展成为如今旗下拥有眉州东坡酒楼、眉州小吃、王家渡火锅 3 个子品牌，111 家分店分布北京、苏州、西安、眉山、黄冈的大型餐饮企业，为之花费了 19 年的时间。

2014 年，O2O 外卖风潮成为很多餐饮企业转型的一个新方向，很多餐饮老板都想在“互联网＋餐饮”这个蓝海市场找到自己的领地。在这样的背景下，王刚每天接到很多合作电话，大概的意思是，邀请眉州东坡加入 O2O 外送。

敏锐的王刚当即发现：“眉州东坡虽然是传统餐饮企业发家，但在当前互联网+的时代背景下，拥抱互联网，快速抢占外卖市场，已经是大势所趋。”

在王刚看来，要想实施O2O战略，必须先创建团队，试试O2O的水到底有多深。不过，很多问题在运营不久就凸显出来了。如果每个门店组建一批外送员团队，不仅大大地增加人力成本，而且根本无法完全满足日益庞大的外卖市场。无疑这会导致消费者的诸多不满，投诉率比原先还高了好几倍。

王刚调查发现，孤军奋战的路径肯定是行不通的，必须依靠战略联盟。于是，王刚开始尝试与淘点点、百度外卖合作，并积极地进行全网餐厅的建设，包括搭建呼叫中心、外卖网站和微信平台等，同时还加快培养眉州东坡酒楼自己的外卖业务骨干。

为了更好地做好O2O，王刚采取两个举措：第一，砍掉多个品类，此举意在让外卖的品类少而精，一些操作过于复杂、易洒易漏、耗时而影响外卖体验的菜品全部取消；第二，添置炉灶，增加产能，在烹饪和外卖时间上严格把控，例如，一个订单规定只有几分钟的处理时间，一旦超时，则处罚相关操作人员，以保证每个订单能在单位时间内迅速处理，保障订单顺畅，即使在最后的物流环节，同样严格把控菜品的配送时间。

当外卖销售越做越火时，不可避免地影响堂食经营。有一天晚上，外卖订单数多于到店消费的顾客数量。此刻摆在王刚面前的问题是，要么让所有外卖全都迟到，要么让到店消费的食客多等一段时间。

面对这个难题，王刚先是在眉州东坡内部讨论，有的工作人员主张重视堂食，也有的工作人员主张侧重外卖。

在双方争论不休时，王刚把自己的困惑让总裁班的同学们解决。阿里巴巴某高管对此发表了看法说道：“如果你得罪了一位外卖客人，令他的用户体验糟糕，那么你失去的将不是一个外卖用户，而可能是整个品牌。”

“订外卖的用户是对你这个品牌的认可，你不能让他失望；而店里的客户可以当面沟通，当面沟通可以缓解很多矛盾，比如提供优惠、代金券等，只要不是那种非常较真的人，大部分人还是能够理解的。”

王刚兼顾堂食与外卖。最终眉州东坡没有让一个外卖客户的订餐迟到，不仅如此，为了安抚堂食的顾客，进行了打折或退菜等各种安抚工作。

经过各种探索，如今的眉州东坡，其外卖份额已经超过其总销售额的10%。当O2O取得不错的业绩时，王刚想方设法让眉州东坡这个品牌与产业“走出去”。

2015年，眉州东坡酒楼在美国洛杉矶开设了3家分店。王刚为此总结了不少可以复制的经验，比如聘请好律师与会计师，在当地必须有个负责落地的人，等等。

眉州东坡的案例是互联网+的一个代表性案例。对于成千上万的传统企业而言，互联网+既充满机会，同时也意味着挑战。因为互联网+正以无可阻挡的势头渗透、改变，甚至颠覆传统行业，而且这样的势头非常迅速。

正如百度创始人李彦宏所说：“中国互联网正在加速淘汰传统产业，每一个产业现在都面临互联网的冲击。”

在李彦宏看来，中国互联网正在加速淘汰传统产业已经成为不争的事实，只不过是传统企业经营者如何利用互联网思维而已。在移动互联网时代，不管是消费者群体、商业模式，甚至是销售渠道都有所改变，在此背景下，互联网+思维就成为传统企业是否突破转型瓶颈的关键。

在互联网+这个问题上，格兰仕集团执行总裁梁昭贤对其有着独特的理解：“相信选择比努力更重要，速度再快都不能发展，所以方向比速度更重要。任何时候不管大环境怎么变都好，我们要主动出击，干在实处。结合格兰仕自己的体会。在新的时期，我们需要转变，做制造业必须要有互联网的思维来去做实体，要从过去以生产为中心，转化为以消费者为中心。”

业内专家撰文指出，传统企业在“互联网+”基础之上转型，最终目的不是脱胎换骨、重新来过，也不是一次非死即伤的毁灭性颠覆，最大的挑战是在传统企业转型的同时，还必须保证企业的正常运营和发展。

第二节　创新商业模式

金蝶软件董事长徐少春撰文说："互联网转型是什么？就是三个方面：一个是商业模式转型，通过互联网的思维和技术，打造一个开放的平台，把你原来的盈利模式改变了；二是管理转型，或多或少你利用一些互联网的技术，来改善管理，提高效率，降低成本；还有一个是文化转型，就是用互联网的思维改变你的企业文化。要吃透互联网精神，一定是要把它溶化到企业的血液当中。"

在这场商业模式的变革中，很多传统企业积极地创新自己的商业模式，开启了自己的商业模式重塑引擎。在滴滴出行这样的商业模式中，其实就是通过向用户提供低成本、低门槛的服务，让用户养成一种新的消费习惯。当消费习惯和用户、用户活跃度都产生了后，滴滴出行的商业模式就设计出来了，从此不仅是一个打车软件，还是一个流量入口。

通过这个流量入口，滴滴出行就可以探索出更多的商业模式和赢利模式，如滴滴出行最近推出的商城，打破了原有打车软件的限制，做其他各种不同的生意，在收取广告费的同时，还可以翻倍地赚利润。

一、不销售产品，卖服务

在商业模式的论述中，现代管理学之父彼得·德鲁克多次谈及，甚至把商业模式的作用描述得不可或缺，他说："当今企业之间的竞争，不是产品之间的竞争，而是商业模式之间的竞争。"

与彼得·德鲁克有类似观点的还有前时代华纳首席执行官迈克尔·邓恩，他说："相对于商业模式而言，高技术反倒是次要的。在经营企业的过程当中，商业模式比高技术更重要，因为前者是企业能够立足的先决条件。"

的确，在今天这个互联网+时代，互联网颠覆了传统的消费观念，同时也让用户体验更为深入——消费不仅是简单的商品买卖，而是享受买与卖这个过程的价值。这样的变化导致传统企业在转型时，不得不创新自己的商业模式。在此过程中，科学合理地进行与之匹配的商业模式创新尤为重要。

对于任何一个企业来说，商业模式的核心在于价值创造。随着社会生产力和消费者收入的变化，其商业模式的创新就成为一个不得不改变的事实。

所谓商业模式创新，是指企业价值创造提供基本逻辑的变化，即把新的商业模式引入社会的生产体系，并为客户和自身创造价值。通俗地说，商业模式创新就是指企业以新的有效方式赚钱。新引入的商业模式，既可能在构成要素方面不同于已有商业模式，也可能在要素间关系或者动力机制方面不同于已有商业模式。

在诸多的创新商业模式中，星巴克的转型就较为成功。1999 年 6 月 30 日，华尔街的投资机构把网络泡沫继续吹大。此刻，还没等泡沫破灭时，时任星巴克 CEO 兼董事长的霍华德·舒尔茨（Howard Schultz）却遭遇其一生中最为难堪的时刻。

20 世纪 90 年代末期，虚幻的网络经济依然吸引着华尔街的投资者。在这样的背景下，这位星巴克的创始人兴冲冲地向外界宣告，销售咖啡的星巴克正在转型为一家互联网公司——推出门户网站、在线销售咖啡和厨房用品、向一家在线聊天公司投资 2000 万美元……

当这则信息被媒体报道之后，星巴克当天的股价如遭遇雪崩一般倾泻而下，其股价当天就下跌 15%。

星巴克股价之所以下跌，是因为投资者们不理解作为一家销售咖啡饮料的星巴克为什么要转型做一家互联网公司，而且还投入海量的资金来做。就这样，投资者抛掉了自己的星巴克股票。

当星巴克的股价应声下跌时，霍华德·舒尔茨对媒体坦诚地承认：“我在这件事上摔了跟头。”

不过，星巴克如此积极地转型，创新自己的商业模式，却有着积极的战略意义。只不过，当时的投资者没有看到而已。

2012 年 8 月，霍华德·舒尔茨再次启动转型引擎，投资给移动支付公司 Square 投资 2500 万美元，霍华德·舒尔茨成为其董事会成员。

当媒体披露这则消息后，外界才发现，霍华德·舒尔茨从来就没有放弃过为星巴克注入互联网基因的努力。

经历过当年互联网事件难堪后的霍华德·舒尔茨，自然不再那么高调，而是“随风潜入夜，润物细无声”地创新自己的商业模式——除了创建电子商务体系外，积极地向互联网转型。

2009 年，为了迎合用户的消费需求，星巴克推出手机应用客户端。为此让用户潜移默化地接受星巴克的便捷服务。

时至今日，移动互联网无处不在，大型公司都在提供手机应用或社交媒体支持。作为互联网支持者的霍华德·舒尔茨更是如此。

在转型的过程中，星巴克的投入和营销都已经领先于零售业的其他竞争者。这就使得星巴克成为美国移动支付规模最大的零售公司之一，星巴克还被脸谱网、推特、Pinterest 等社交媒体誉为最受欢迎的食品公司之一。

霍华德·舒尔茨积极地向转型——电子商务、手机支付和社交网络营销。其目的是，更好地迎合用户的需求，即把互联网技术和咖啡店内外的顾客关系紧密相连。

据星巴克的相关数据显示，星巴克的消费人群大部分都在使用智能手机，越来越多的用户正在利用移动互联网在星巴克消费。为了追踪用户的消费趋势，星巴克为此创建了一个在线社区。

通过掌握的用户消费习惯、口味喜好等数据，星巴克获得了非比寻常的优势。同时，霍华德·舒尔茨还积极地植入互联网基因，移动支付仅仅只是转型中的一部分。

正是因为星巴克积极转型，使得星巴克与顾客们建立了前所未有的牢固关系。研究专家撰文指出，星巴克之所以被很多城市消费者青睐，是因为星巴克提供的服务不仅仅是咖啡、面包，而是一种体验为王的生活方式。为此，星巴克打破了传统的商家与顾客之间单纯的买卖关系，把很多附加值也融入其中。

霍华德·舒尔茨敏锐地预判到，在如今这个时代，互联网和手机将影响人类的生活和工作状态，只有把这个时代特征迅速融入星巴克的产品和服务之中，才能赢得用户的好评。

时任星巴克中国区副总裁玛丽·汉·西罗薇（Marie Han Silloway）介绍说："数字化营销完善了星巴克体验，让顾客感受到'星巴克就在身边'。"

不仅如此，星巴克还实施了病毒式营销，一个病毒式传播的在线视频恰当地诠释了星巴克的理念——在一款名为 Early Bird 的星巴克手机服务中，用户一旦设定好起床闹钟。当闹钟响起时，只要用户点一下"马上起床"，在一小时内赶到任何一家星巴克门店，凭借 Early Bird 手机应用，用户就能喝到一杯打折的星巴克咖啡。

的确，Early Bird 手机应用是一个将产品和用户的日常生活建立联系的好创意，星巴克并没有强行向用户销售咖啡，不过是提供了打动用户的服务。

星巴克转型就是一个典型的传统企业转型的案例，对中国传统企业转型具有较高的借鉴作用。星巴克的服务曾得到阿里巴巴创始人马云的高度评价："特别荣幸，其实星巴克在我心目中是一家非常伟大、了不起的公司。我自己不喝咖啡，但不等于我不欣赏和喜欢别人喝咖啡，特别喜欢看别人在星巴克里面喝咖啡。在我看来，星巴克带来了无数的热爱、关心，一种交流，一种时尚，一种生活方式的变革，尤其是在中国。"

在马云看来，星巴克今天销售的不是咖啡，而是一种全新的服务、新的体验和新的生活方式。在公开场合，马云坦言，自己也在反思，努力让用户看到阿里巴巴的是不仅仅是一笔笔交易。马云说道："如同星巴克第一天就没有把自己定义为卖咖啡的一样，我们从第一天也没有把自己定义为卖货的公司。”

在马云看来，与淘宝所代表的生活方式一样，星巴克如今也已经成为时尚社交中心，每天都有很多不同人群在星巴克咖啡店上网、聊天、谈判。

从这个角度可以看到，互联网已经全面地渗透并改造了星巴克的价值链，重构了星巴克的商业模式。

二、“硬件、软件、服务”三轮驱动

对于很多正在转型的传统企业来说，转型既是机遇，又是挑战。一旦把创新驱动作为企业发展的新引擎，那么自然会重构或者设计更好的商业模式。这样的转型升级，无疑是巨大的商业机遇。

基于此，作为传统企业，在互联网 + 这个巨大商业价值的催动下，必然会促进新一轮的商业模式创新和变革。正如著名战略学家加里·哈默 (Gary Hamel) 所言：“一些管理者开始意识到互联网能够颠覆旧的商业模式，但是很少有人承认在不久的将来，互联网将彻底改写我们从前的管理模式。”

任何一个企业的成功，必然有其合理性，否则，商业就缺乏合理的想象。对于苹果公司来说，其独特的商业模式就是“硬件、软件、服务”的三轮驱动。

苹果公司正是找对了这个盈利点创新，才为苹果公司的成功打下坚实的基础。所谓盈利点创新，主要是指企业围绕着自身的业务、面向哪些目标客户、为什么是这个产品或服务、有没有其他更好的产品或服务来提高利润等方面的创新。一般地，盈利点创新通常能够找到一种新的突破点。

哈佛商学院市场营销学教授西奥多·莱维特曾在课程上告诫学生说：“顾客不是想买一个 1/4 英寸的钻孔机，而是想要一个 1/4 英寸的钻孔。”

在西奥多·莱维特看来，盈利点创新必须建立在用户的需求之上。例如，曾经有用户抱怨说，自己在购买唱片时，仅仅只想为其中的一两首歌曲付费，但是该用户却要为整张唱片付费。这样的抱怨让苹果公司创始人史蒂夫·乔布斯挖掘出巨大的商业机会，其后成为苹果公司盈利点创新的关键所在。

正如阿里巴巴创始人马云所言：“创业者最期待听见有人抱怨，抱怨就是商机。今天新疆有这么多得天独厚的产品，还没有被全世界的人发现，这就是机会。”

2001年，在史蒂夫·乔布斯的操刀下，推出第一款苹果iPod音乐播放器。在当时，一些商学院教授并不看好苹果iPod音乐播放器。其理由是，全美每年的销售数量仅为72.4万台。这样的数据似乎在证明苹果公司推出的iPod音乐播放器根本就没有市场前景。

让商学院教授诧异的是，史蒂夫·乔布斯的举动让他们目瞪口呆。随后，苹果公司推出iTunes网上音乐点播商店，为用户提供一首歌曲只需支付0.99美元的合法音乐下载。为了拓展苹果iPod音乐播放器的市场，苹果公司设定了只有使用iPod才可以播放从iTunes下载的音乐。

事实证明，iTunes音乐商店得到了用户的青睐。数据显示，截至2006年底，iTunes音乐商店的下载量十分巨大，曾一度占据了高达82%的北美合法音乐下载市场。

在史蒂夫·乔布斯的极简主义下，苹果iPod不仅仅是一台音乐播放器，而且还成为音乐文化的符号。

这样的实例说明，苹果公司真正的盈利创新点，不仅仅体现在硬件层面，更为重要的是，让数字音乐的合法下载变得更加简单易行。

基于此，苹果公司有效地利用“iPod+iTunes”组合，开创了一个全新的苹果商业模式——将硬件、软件和服务融为一体。

当然，苹果公司能够创新这样的赢利点，是因为史蒂夫·乔布斯洞察到了基于终端内容服务市场的巨大商业潜力。在其整体战略上，硬件、软件、服务的三轮驱动模式使得苹果公司已经从纯粹的消费电子产品生产商，向以终端为基础的综合性内容服务提供商的转变。

在苹果“iPhone+App Store”中，其商业模式创新同样如此，满足了移动互联网时代下，手机用户对于追求个性化软件的需求。这样的满足使得史蒂夫·乔布斯挖掘出手机软件业的巨大蓝海市场，从而开创了手机软件业发展的新篇章。

苹果的 iPod+iTunes、iPhone+App Store、iPad 商业模式，先后改变了传统音乐、手机和出版行业的格局，建立了行业新秩序。之所以达到这样的战略目的，是因为史蒂夫·乔布斯为苹果公司成功地找准了盈利点创新，开创了硬件、软件和服务的产业关键环节，才取得了骄人的业绩。

反观苹果公司的商业模式，不仅为新产品注入新技术，更重要的是，苹果公司把新技术和时尚设计结合起来，形成其独特的商业模式。

苹果公司在推动新技术产品时，着力点不是硬件层面的，而是给用户提供更加简单易行的数字音乐下载。具体的做法是，苹果公司利用 iTunes+iPod 的平台，让用户可以不受硬件的限制，直接可以无限制地下载自己需要的音乐。

这种全新的商业模式的亮点是将硬件、软件和服务融为一体，创新地改变了音乐播放器产业和音乐唱片产业这两个行业。由于苹果公司为用户提供了前所未有的便利，用户就很容易接受和认可其产品。

不可否认的是，作为任何一个成功的商业模式，前提必须是提供客户价值。现代管理学之父彼得·德鲁克曾评论说道："企业的目的不在自身，必须存在于企业本身之外，必须存在于社会之中，这就是造就顾客。顾客决定了企业是什么，决定企业生产什么，企业是否能够取得好的业绩。由于顾客的需求总是潜在的，企业的功能就是通过产品和服务的提供激发顾客的需求。"

对于苹果公司来说，当明确客户价值主张之后，首先就必须要解决这个问题。苹果 iPhone 手机的核心功能，不再局限是一个电话，必须拥有通信和数码终端的功能，即融合手机、相机、音乐播放器和掌上电脑等的诸多功能。

不仅如此，苹果 APP Store 还为用户提供数十万个应用程序。除此之外，苹果还注重用户体验。在《蓝海战略》一书中，作者 W. 钱·金和勒妮·莫博涅用价值创新的理论阐释了客户价值主张。

在该书中作者写道："利用价值创新曲线，重新审视对消费者真正有诱惑力的价值主张，并用自己的资源和流程来满足他，就完全有可能创造出一个新的市场出来。"

在创新商业模式的企业往往不会选择一个现有的市场和竞争对手火拼，而是重新审视消费者的价值主张，选择提供一个和现有产品不同价值主张的产品，从而创造了一个新的市场。

在苹果公司的商业模式创新中，非常注重提供客户价值。自从开启 iPod + iTunes、iPhone + App Store、iPad 产品引擎以来，由于苹果自己掌握了硬件、软件和服务的产业关键环节，这样的商业模式创新为一统江山的新世界轴心做了最为有利的铺垫。

对于任何一个成功者来说，其成功的商业模式一个最根本的问题，就是解决提供新的客户价值问题。对于苹果公司来说，这个问题同样如此。当史蒂夫·乔布斯重新执掌苹果帅印后，开始重新审视客户价值，破除封闭的陈旧思维，兼收并蓄，纵横捭阖，将先进的技术、合适的成本和出众的营销技巧有机地结合起来。

尽管苹果公司的产品并没有什么特别前沿的技术，也往往不是业界第一个吃螃蟹的人，但是能够在合适的时机将合适的技术以最适合消费者体验的方式设计出来，从而取得成功。例如，最早推出数字音乐播放器的公司并不是苹果，而是一家名为"钻石多媒体"的公司，他们早在 1998 年就推出了数字音乐播放器，比苹果公司早了整整 3 年。

反观苹果公司之所以能够创造成长奇迹，是因为苹果公司创造了与众不同的市场。而创造与众不同市场背后的关键却是明确客户的价值主张，即客户到底有什么需求。

三、打通厂家直达消费者的各个环节

在经济新常态下，酒业发展面临巨大困难的新闻屡屡被发布到媒体的头条上。这样的新闻无异于一石激起千层浪。面对酒业的寒冬，四川壹玖壹玖企业管理连锁有限公司（以下简称壹玖壹玖公司）董事长杨陵江却不认为目前酒业遭遇销售困境。

2015 年，对于中国企业来说，是最为严峻的一年，像酒业这样的传统行业遭遇寒冬并非空穴来风。尽管如此，壹玖壹玖公司董事长杨陵江却有自己的看法："我觉得寒冬不是互联网造成的。其实寒冬代表着这个行业正在迸发，实际上是在淘汰老弱病残。但接下来的春天，大地就会生机蓬勃。那么对我们酒类行业来说，因为三公消费被禁止了，出台禁令后市场大幅度萎缩。但我们企业受的影响相对来说比较少一点，因为我们的销售占这一部分的比例很少。对我们行业来说，寒冬规范了市场经济，卖酒的主流不再是依赖人际关系，对我们来讲更多的是一个机遇，我们会抓住机遇加速发展。"

到底是什么商业秘诀让壹玖壹玖公司脱颖而出呢？在杨陵江看来，壹玖壹玖公司能够在经济新常态下稳健地发展，主要还是以一种生产效率最高、运营成本最低的商业模式，打通了从厂家直达消费者环节的任督二脉。这种 O2O 模式既颠覆了传统的销售渠道，同时又构建了新的价值体系，即把互联网＋服务战略真正地落地了。

1. 商业模式的三维立体模式

在第十届商业模式论坛上，主办方推介了壹玖壹玖公司的商业模式。当媒体记者以"您觉得一个可持续的商业模式具备哪些条件"为提纲采访壹玖壹玖公司杨陵江时，杨陵江对此坦言："我认为可持续的商业模式必须是盈利的，如果长期不盈利，或者盈利模式不成立的话，这样的商业模式是不成立的；第二，商业模式必须符合生产力发展的规律，也就是说它能够把生产力的成本降低，把生产效率提高，我觉得至少是这两点。"

不可否认的是，任何一个创业企业能够取得成功，都有自己独特的商业模式。然而，当把这些成功初创企业的商业模式排列出来时很容易发现，这些成功初创企业的商业模式虽然各不相同，但是却有一个共同的特征，即其商业模式都是一个由客户价值、企业资源和能力、盈利方式构成的三维立体模式。

在《商业模式创新白皮书》一书中，哈佛大学教授马克·约翰逊（Mark Johnson）、克莱顿·克里斯坦森（Clayton Christensen）和SAP公司的CEO孔翰宁·卡格曼（Henning Kagermann）共同把这三个要素概括为："客户价值主张""资源和生产过程""盈利公式"，见图2-2-1。

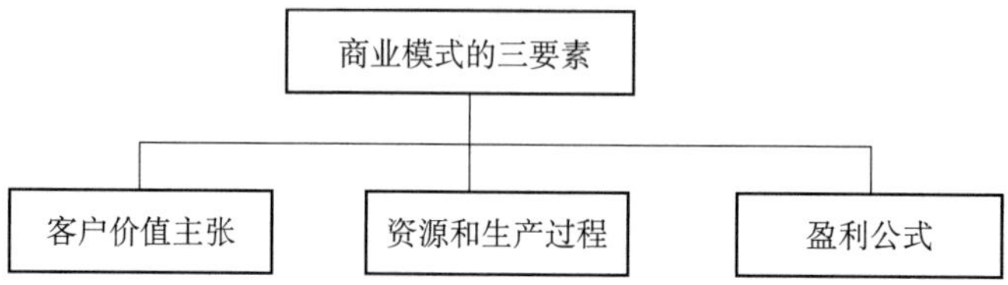

图2-2-1　商业模式的三个要素

所谓"客户价值主张"，指在一个既定价格上，企业向其客户或消费者提供服务或产品时所需要完成的任务；所谓"资源和生产过程"，即支持客户价值主张和盈利模式的具体经营模式；所谓"盈利公式"，即企业用以为股东实现经济价值的过程。

在这三个要素中，当消费者的需求变化时，"客户价值主张"因此发生变化，使得原来的商业模式不得不进行重构。壹玖壹玖公司的O2O商业模式就说明了这个道理。

事实上，一种商业模式成功的关键，在于该企业经营者重构或者设计的商业模式本身能够持续盈利。这样的命题同样适用于壹玖壹玖公司。

据杨陵江介绍，决定壹玖壹玖公司商业模式真正成功的最重要因素，是其单店的盈利和盈利模式的可复制性。

公开资料显示，2013年，壹玖壹玖公司就已经实现了5亿元的销售额。据杨陵江介绍，2014年，壹玖壹玖公司四川旗舰店就能实现1亿元的销售额，四川省成熟门店的年销售额能达到4000万元左右，其中包括2013年新开的门店。在壹玖壹玖公司，平均每家门店的销售额都超过1000万元，开满一年的门店，其平均销售额可以达到1500万元左右。

如果以年销售额1000万元计算，其正常毛利率达到20%左右，即200万元的利润。壹玖壹玖公司门店的运营成本一般是5%，即50万元，即门店一年的盈利额达到 150 万元左右。

杨陵江分析认为，壹玖壹玖公司之所以能够实现良好的盈利，取决于三个因素。

（1）不盲目追求扩张速度，重视单店的盈利和盈利模式的可复制性。

由于壹玖壹玖公司的开店模式全部采用直营店，即使与投资方合作经营实体门店，照样通过直营管理模式进行。

杨陵江坦言："很多加盟店的盈利不是门店本身扣除成本后赚得的利润，而是总部给门店发多少货，从中赚多少点，至于门店的经营状况、深层风险，从某种意义上说跟总部的关系并不那么直接。"

在杨陵江看来，壹玖壹玖公司的品牌是自己的，门店也是自己的，必须确保每家门店真实的盈利水平，只有确保盈利模式，才能成功复制。在壹玖壹玖公司，把门店的盈利作为企业的盈利，绝对不是简单地把门店销售作为企业盈利的基础。

（2）壹玖壹玖公司减少销售层级，以高效率、低成本直达消费者，不是依赖于酒厂给的定价利润。

杨陵江介绍说："在壹玖壹玖公司的战略中，消费者是排在第一的，我们现在是尽可能地以最低成本、最高效和最节约的方式争取消费者。"

在杨陵江看来，壹玖壹玖公司基于消费者的商业模式，由此摆脱了过分依赖厂家的经销，相反，成千上万的二线酒厂更需要借助于壹玖壹玖公司的平台来拓展自己的产品。

（3）壹玖壹玖公司的客户群体主要是市场上的碎片化客户，属于刚需型消费。

杨陵江介绍，在壹玖壹玖公司的销售额中，80% 的销售额是由 90% 的客户自己完成的。这不同于传统的酒经销商，其 80% 的销售是由 20% 的客户完成的。

在壹玖壹玖公司，没有设置专门的团购部，其 95% 的销售，主要是基于零售平台而产生的会员制消费。

2. 将线上线下进行社会化分工协作

2015 年，O2O 虽然遭遇资本寒冬，但是这并不能否定 O2O 商业模式的可行性和巨大商业价值。其实，O2O 这种线上线下一体化商业模式具有较高的商业价值，既可以降低运营成本边际效率，同时还可以方便用户的购买体验。

正是因为如此，O2O 这种线上线下一体化构成了壹玖壹玖公司商业模式的精髓。据杨陵江介绍，O2O 这种线上线下一体化商业模式是建立在“电商 + 店商”基础之上的，将互联网技术植入传统的零售店铺管理中。即壹玖壹玖公司建立一个线上线下有效结合、立体联动的信息化酒类立体的销售平台。在实际的运营中，壹玖壹玖公司将线上线下进行有效的社会化分工协作，使得该平台效率最高、成本最低。

杨陵江介绍说：“信息化技术运用绝不等同于电商，电商仅是信息化技术运用的一种方式，相当于一个工具或渠道，而不是商业模式的本质。”

在杨陵江看来，未来的电商一定是传统企业一个必备的工具和手段，只有那些正确地运用信息化互联网技术的传统企业才会持续发展和基业长青。

基于此，2011 年，壹玖壹玖公司花费巨资建设了运营信息系统化矩阵，该矩阵包括采购、仓储、物流、财务、呼叫中心、电子商务、人力资源管理，等等。不仅如此，壹玖壹玖公司还开启了酒类网上商城的在线试运营。

壹玖壹玖公司的线上已经打造成为由 CRM、ERP、LBS、呼叫中心、酒类商城、第三方平台等构建的信息化销售、客户管理平台；而壹玖壹玖公司的线下则通过与线上共享的信息系统，实现集零售、展示、物流、服务、推广为一体的多种运营业态，包括数字旗舰店、酒类连锁超市、进口酒商店、酒类网上商城、商场店中店、战略合作配送商等。

在这样的商业模式下，壹玖壹玖公司解决了各级经销商“雁过拔毛”的利润盘剥，减少中间商环节的层层加价和费用，真正地实现了厂家直销的商业模式，保证了低价优势和超高的性价比。壹玖壹玖公司深度分析庞大的营销数据，通过“立即送”“随 E 购”等多种服务模式，既发挥了实体连锁和电商的优势，同时还最大化地提高了消费者的购物体验。

3. 解决“最后半公里”的物流问题

很多 O2O 企业之所以失败，是因为这些企业不能解决“最后半公里”的物流配送。在没有达到临界点前，很多 O2O 企业为此支付非常高昂的成本，根本不能承受。

杨陵江介绍道：“线上最终的输赢，取决于最后半公里的物流效率和成本。只有尊重社会化分工的模式才是最有效率的。壹玖壹玖公司的优势就在于最后半公里。”

目前，在北京、上海、广州、郑州、西安等十多个城市，壹玖壹玖公司的物流配送能力达到了 20～120 分钟送到。

壹玖壹玖公司之所以能够实现 2 小时内快速配送，是因为运用了信息技术，该技术的好处在于，可以将异地的订单通过本地的物流来配送，这样就可以既提高了物流配送的效率，同时又省掉了重复的物流配送费用。

杨陵江强调，壹玖壹玖公司的商业模式有点类似“阿里巴巴 + 顺丰”，不过，与顺丰不同的是，在每一个配送站，壹玖壹玖公司都配置有相关商品，其配送的速度更为快捷。

在壹玖壹玖公司的这个商业模式中，还能够充分发挥线下实体店的重要作用。据杨陵江介绍，在壹玖壹玖公司的订单总量中，电话订购约占 60%，网络销售占 10%，实体店销售占 30%。

这组数据说明，壹玖壹玖公司实体店除了发挥终端零售和提高消费者购物体验等功能之外，对线上和电话订单进行配送，组成了壹玖壹玖公司的物流配送体系，有效地实现了连锁零售和配送点一体化运营。

在壹玖壹玖公司的运营中，实体店门店承担零售功能，同时也是一个仓储配送站，在承接线上和电话订单时，直接由门店店员完成，根本不需要另外租赁库房，同时也不需要仓储费用，也不需要单独的物流配送员，因为实体店的店员就是搬货员、理货员和送货员，只要有效地利用门店人员的富余精力，即可完成商品的物流配送。

一般地，在门店半径不到一公里，甚至半公里配送范围的距离内，壹玖壹玖公司实现消费者“半小时送货”承诺。不仅如此，实体店还承接其他电商的物流配送任务，让物流配送创造价值。

4. 直营化连锁管理

2014 年，壹玖壹玖公司为了迅速提升全国化网络布局，新增 1000 家左右的零售网点。在此次布局中，壹玖壹玖公司开启了加盟模式，只不过在加盟商投资的门店中，作为供应链管理公司的壹玖壹玖公司负责供货和零售管理，把利润分配给投资方，壹玖壹玖公司只收取一定数额的供应链管理费用。

杨陵江介绍说：“目前，壹玖壹玖公司连锁门店还有加价利润，但是我们不追求加价利润模式，而是追求管理利润。这个管理费用相比于厂家原来的多层级经销费用是大幅度降低的。我们基本的目标是做供应链管理公司，通过供应链管理实现从厂家到我们控制的终端之间没有经销商，帮助厂家以最低的成本打通到达消费者的环节，更高效地实现销售。”

在杨陵江看来，壹玖壹玖公司连锁门店要想具备核心优势，必须实现其规模效率。具体的做法是，每个实体店之间相互独立，只不过实现数据和资源的交换。当然，要想实现这个目标，壹玖壹玖公司必须对连锁门店实行直营化管理，把门店真正地连锁起来，达到规模效率。

为此，壹玖壹玖公司依托于后台信息化系统，让各个实体店之间、在实体店与线上平台、实体店与物流配送平台中实现数据和资源交换。不仅如此，作为商品的供应商，也可以通过授权，在后台系统中查看产品在壹玖壹玖公司的库存消化情况。

据杨陵江介绍，壹玖壹玖公司的下一步升级改造，使得供应商可以查看后台销售数据，例如，哪个客户在哪个平台购买了多少酒。

事实证明，直营化连锁管理是保证壹玖壹玖公司能够成功的一个重要原因。杨陵江认为：“壹玖壹玖公司之所以能够吸引消费者，主要是基于四个因素的竞争力：一是质量；二是价格；三是服务；四是品相。这四个因素的排序在不同阶段、不同地区都会有变化。如今壹玖壹玖公司把质量排在第四位，因为质量已经不成问题，而服务则变成第一，品相第二，价格第三。”

作为一种创新型商业模式的壹玖壹玖公司，正在构建新的价值体系。除了已知物流体系形成的新盈利增长点外，壹玖壹玖公司正积极地通过资源整合，创造新的商业模式。

据杨陵江介绍，壹玖壹玖公司正在通过异业资源整合，构建壹玖壹玖公司更为强大的商业力量。什么是“异业整合”呢？所谓“异业整合”就是引入外部资源使得壹玖壹玖公司的某一价值环节更为强势，同时将其价值链非关键环节业务外包，旨在降低成本、提高效率，起到了“1+1 ＞ 2”的作用，同时也能实现消费者利益的最大化。

第三节　应用大数据

一提到传统企业转型，一些经营者激情亢奋地说道：“在当下的转型中，要想成功转型，我们必须构建大数据平台。”

这样的观点有其自身合理性。当然，对于大型企业来说，构建大数据平台无可厚非。对于中小企业来说，由于其自身规模等原因，构建大数据平台可能有点盲目。

在“第七届易观电商峰会”上，易观企业教育副总裁田峥认为，作为传统企业经营者，在转型过程中应侧重于大数据应用，而不是盲目地自建大数据平台。

田峥针对大数据时代的传统企业转型问题，提出了自己的看法。田峥说：“大数据平台，无论在投入，还是产出等方面都有问题，并且由于单个企业能够获取的数据量偏小，所以企业最好是有自己的 DMP（数据管理系统），可以用自己的数据跟别的企业做一个交换，或者将自己的数据融入大平台里，然后在大平台中找到自身所需的数据。”

在田峥看来，传统企业在转型过程中，如果什么都必须颠覆式创新，那么可能就有点教条主义。传统企业在大数据时代背景下转型，更为关键的问题是传统企业自身的具体数据需求。

一、消费者及消费行为大数据化

一些电子商务网站收集的数据，不仅可以显示其地域、性别、星座、时间段购买等诸多信息，同时还把每个消费者网上消费的商品都一一记录了下来。通过分析这些数据，消费者的购买需求一目了然。

当然，正是消费者及消费行为的大数据化，为传统企业找准真实的消费者需求，为传统企业找到可行的转型路径打下坚实的基础。可以肯定地说，渠道关系、终端关系、媒体关系已经不再是“为产品找到滚雪球增长的消费者”的核心课题。因为传统企业在建立消费者关系并构建粉丝互动渠道后，大数据给企业提供了详细的消费者需求变化。

据公开数据显示，95% 的中国企业并没有有效地利用其获得的数据，尤其是营销人员无法通过企业获得的海量数据正确地分析出顾客的真正需求。这说明，中国企业海量的大数据被空置、被浪费。作为传统企业，要想成功地转型，充分有效利用大数据势在必行，满足互联网 + 时代的个性化需求。研究发现，企业经营者要想为用户提供理想的个性化服务，必须掌握以下两点。

（1）企业经营者通过尽可能多的数据，充分了解用户的个性化需求。

企业经营者了解用户个性化需求的目的，主要还是为了更好地提供给用户急需，或者想要的产品和服务。

要想做到这点，企业经营者就需要在海量的大数据库中找出最有价值的有效数据，然后把数据表现相同的用户划归到同一个类别，按照用户数据表现再有针对性地为用户设计和生产出相关的产品和服务。

（2）合理地掌控和设计服务中的个性。

企业经营者提供的产品或者服务是否符合用户的需求，关键在于企业经营者从大数据库中是否找到有价值的数据。

不可否认的是，企业经营者通过数据分析所归类得出的产品或者服务过多，无疑增加管理成本，同时还降低其服务效率。

在当下这个黄金时代，那些拥有数据能力找到蓝海市场的企业将赢得丰厚的回报。因为在如今的商业世界里，用户数据分析的魔力无疑在影响传统企业的决策和经营。

对此，泰一指尚董事长江有归在接受媒体采访时说道：“互联网+确实带来了很多变革，我们是一家大数据营销企业，主要就是帮助传统媒体和传统企业转型。以姚生记为例，其竞争对手是谁？三只松鼠。那我们就可以结合它的营销重点，通过数据分析，帮助企业建一套互联网营销平台。目前，我们已为近500家汽车、快消品、电商、教育等行业客户提供卓有成效的广告营销服务。”

纵观人类的所有商业行为，无一不是在针对人类的购买行为。当传统企业在推出产品时，关注的依然是何种产品最有可能在市场上成为爆款，消费者愿意支付多高的价格来购买该产品，消费者的忠诚度有多高。

基于此，“大数据”成为商业世界的大热门也就在情理之中。所谓“大数据”，是指无法在可承受的时间范围内用常规软件工具进行捕捉、管理和处理的数据集合。从这个定义可以看出，“大数据”是一种强大的分析工具，帮助企业收集有关消费者行为和偏好的相关信息，通过数据分析可以解释消费者行为背后的真正原因。

阿里巴巴CTO王坚认为：“互联网只是基础设施，数据才是最重要的生产资料。”王坚看来，“互联网+”实际上是一次回归，可从互联网、数据和计算三个方面来看。首先是互联网，互联网是一种基础设施，和铁路、航空一样，现在互联网已发展到一个关键时期，就像航空发展到螺旋桨的鼎盛时期，要逐步进入喷气时代，如果有一天，没有互联网就没有GDP了，那么我们转型升级就成功了。其次是数据，互联网为什么能改变这么多行业？因为它能改变时空，将你的数据传送到世界各地，不难看出，数据才是核心，才是最重要的生产资料。其实，互联网从产生的第一天起，就决定了数据的价值。最后，我要说的就是计算。数据不是天然就有价值的，就像路上有一串脚印，没有数字化，没有被计算，是不产生价值的，但你在网上的“足迹”，被计算后就变得有价值了。为什么今天我们可以那么好地服务消费者，就是因为后台有你们看不见的云计算。

对此，王坚断言：“有了互联网、数据和计算，你就可以用与过去不一样的方法来思考问题、解决问题，几个人的小企业可能做成以前传统企业几万人才能做到的事情，而大企业也可以像中小企业一样灵活多变，这让大众创业、万众创新有了更多的可能。”

乐高公司的案例证明了王坚的观点。2004 年，乐高公司的发展遭遇困境，一天的亏损额竟然高达 100 万美元。究其原因，是乐高产品与消费者的需求严重脱节，消费者根本就不购买，乐高因此处于破产的边缘。

为了解决消费者需求这个问题，乐高公司为此大费周折。经过一番研究后认为，在选择玩具时，特别是在游戏中，现代儿童寻求的是“瞬时驱动”，最理想的是拿起来就能玩的玩具，而不是像经典乐高积木那样需要“一砖一瓦”认认真真组装的玩具。

当乐高公司高层了解现代儿童的需求后，乐高公司着手开发一种新的活动人偶和其他概念玩具，不过乐高 CEO 约恩·维格·克努德斯托普 (Jorgen Vig Knudstorp) 则认为，该想法本身就是错误的。他认为，乐高应该从零开始，才能从根本上解决儿童如何玩和为什么玩玩具的问题。为此他聘请专业合作伙伴对乐高用户进行研究和分析。在对乐高用户进行研究过程中，被派去的研究者必须陪孩子一起玩耍，尽可能地了解儿童的真实需求。

在与儿童玩耍的过程中，研究者收集了无数个小时的视频、数以千计的照片和日志，以及数百个用乐高搭成的模型。其后，研究人员细致地为所有信息进行编码，从中找出跨越地理位置和年龄的需求模式。

乐高收集到海量的数据之后发现，并不是每个孩子都热衷于搭乐高积木，但是爱搭积木的孩子却对此十分着迷。不仅如此，这些孩子不仅能把积木搭好，同时还清楚自己处于什么样的水平。在这些数据中，乐高设计团队因此开发出儿童愿意玩的玩具。

二、会说话的大数据

一般地，由于用户个性化需求较为分散，其个性化服务自然会增加企业的服务成本以及管理的复杂程度。这就要求企业经营者合理地掌控和设计用户的个性化服务。

传统企业为用户实现个性化服务，其最大难点在于以下两点。

（1）关键数据的可靠性。

简单地说就是，为用户设计个性化服务的基础源于企业经营者对关键数据的分析，一旦企业经营者筛选和分析的数据有误，其结果必然是南辕北辙。

（2）管理成本的可控性。

在具体的操作中，实现用户的个性化服务，时常增加附带的各种成本。例如，数据管理。因此，为用户提供个性化服务，在某种程度上只能以消费群体为单位，绝对不是以单个的消费者为前提，同时必须考虑企业实际的成本投入和收益回报。只有这样，企业经营者利用大数据才能达到期望的效果。

当传统企业解决上述两个痛点后，为用户提供个性化服务就成为可能。塔吉特公司的案例就可以说明这个问题。

全美第二大零售商塔吉特公司一家位于美国明尼苏达州的门店，遭到一名中年男子的投诉。该男子投诉的理由是，该店将婴儿产品优惠券寄给他正在上高中的女儿。

正当人们对该投诉议论纷纷时，没过多久，该男子却主动打电话给店长表示歉意。究其原因，是因为该中年男子的女儿坦然承认自己真的怀孕了。

可能读者会问，作为一家传统企业的零售商塔吉特是如何知道一位高中女生怀孕的呢？又是通过什么样的技术手段竟然比其亲生父亲更早知道其怀孕消息的呢?

塔吉特百货知道该女生怀孕，主要凭借分析顾客所有的购物数据，然后通过相关综合分析，最终得出该年轻女顾客怀孕事情的真实状况。

具体的情况是，当每位顾客首次到塔吉特刷会员卡购物时，顾客都会获得一组识别编号，这组编号包括顾客的姓名、性别、信用卡号、手机号码、电子邮件等非常详细的个人资料。

当顾客拥有这组编号后，但凡顾客在任何一个塔吉特门店购买商品，计算机系统就会自动记录顾客的消费明细、时间、金额等详细信息。当塔吉特再从其他渠道取得顾客的统计资料之后，就能形成一个庞大顾客数据库。通过运用分析顾客喜好与需求，塔吉特就知道顾客的消费习惯与购买需求。

塔吉特的数据库经验可以给中国传统企业提供借鉴依据，一旦比竞争对手更早更准确地捕捉到消费者的需求和购买信息，无疑就可能占得先机。例如，塔吉特，统计师们经过对孕妇的消费习惯和需求进行无数次的测试和数据分析后，得出一个对塔吉特十分有利的购物趋势，该购物趋势是:①孕妇顾客在孕中后期会购买大量无味的润肤露；②孕妇顾客在头20周时，孕妇顾客有时会购买补充如钙、镁、锌等营养素；③许多孕妇顾客会购买肥皂和棉球。

当有女性除了购买洗手液和毛巾以外，还突然开始大量采购无味肥皂和特大包装的棉球时，这就意味着这部分孕妇顾客的预产期即将到来。这样的准确预测是基于塔吉特的数据库资料。统计师们往往会通过顾客内在的需求数据，从中精准地选出较为典型的25种商品，然后通过对这25种商品进行同步分析。

在这样的数据基础之上，基本上可以判断出哪部分顾客是孕妇，甚至还可以进一步估算出她们的预产期，在最恰当的时候给她们寄去最符合她们需要的优惠券，满足她们最实际的需求。

塔吉特凭借分析消费者的购物需求和购物习惯数据，塔吉特的年营收从2002年的440亿美元扩大到2010年的670亿美元。这样的销售业绩，大数据可谓是功不可没。

塔吉特的数据分析说明，将它与其他数据集对照，或者以与众不同的方式分析解剖，就能让传统企业的销售模式发生翻天覆地的转变。

遗憾的是，中国很多传统企业依旧只是将数据信息简单地堆在一起，仅将它当作为满足传统企业治理规则而必须保存的信息加以处理，而不是将它们作为战略转变的工具。这使得大数据不能发挥最大的作用。

在塔吉特这样的企业手中，顾客的数据不仅是管理决策的基础，更是对客户购物习惯和购物需求的深入了解，也是提升企业竞争优势的一个手段。

有的专家甚至宣称，数据是传统企业的生命线，只有将数据在决策和行动时无缝且安全地流到决策层手中，数据的作用才会充分发挥出来。因此，要想让数据发挥作用，必须随时为决策提供依据。比如，政府公开的道路和公共交通的使用信息，尽管有些信息看起来有点晦涩，但是这些数据却能给一些企业提供巨大的价值，当这些企业合理利用这些数据后，就会为研发和设计出满足潜在需求的新产品和服务提供决策支持。

塔吉特的数据分析给传统企业的启示是，尽管用户需求趋于个性化，但是其内在的个性化服务存在大量的共同点，正是基于这样的共同点，企业经营者可以在冗繁的信息中挖掘出用户的个性化需求，同时有针对性地为其提供个性化需求的产品或者服务。

那么，企业经营者该如何挖掘用户的个性化需求呢？其步骤如图 2-3-1 所示。

第一，收集尽可能多的基础数据。一般地，企业收集的大数据，就像一座金矿，其含金量多寡决定能够提炼出黄金的多少。同样，大数据的有效与否，直接决定了企业有效利用数据的多少。

第二，挖掘有效的关键数据。当收集到有效数据后，企业经营者就必须提炼有用的数据进行整理与匹配，然后进行有效数据挖掘。

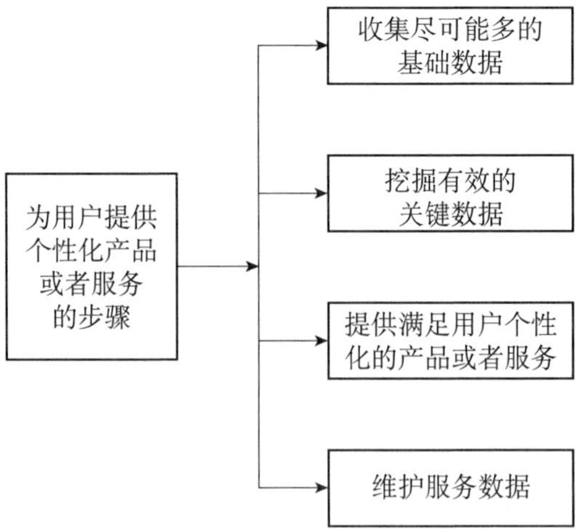

图 2-3-1　为用户提供个性化产品或者服务的步骤

第三，数据被挖掘出来后，企业经营者提供满足用户个性化的产品或者服务。

第四，维护服务数据。

第四节　激活 O2O 平台

对于勇于转型的传统企业经营者来说，通往转型成功的路，不是只有一条，其路径有很多，正所谓"条条道路通罗马"。传统企业转型时，通过激活 O2O 平台，也同样具有很多的方法。例如，从线下转到线上，以便民服务切入的传统企业苏宁；从线上走向线下，以 3C 产品打开市场的京东商城……

这样的案例还有很多，又如：味多美拓展移动平台，订单甚至超越实体店；美团、饿了吗简化了收银和排队等环节。

基于此，传统守旧的服务管理思维已经不符合消费者的购物需求，其市场格局被互联网 + 服务的创新所颠覆，消费者市场正在逐渐向服务和体验转变。为此，有专家认为，传统企业在转型过程中，激活 O2O 的战略意义非同一般，不仅为传统企业开拓了一个潜力无比巨大的蓝海市场，同时还给用户提供更加便捷的极致体验服务。

一、“O2O”线上线下联动

传统企业在“O2O”线上线下联动的战略布局中，坚守“顾客至上”的价值导向不可改变，因为传统企业在转型的过程中，激活 O2O 就如同二次创业一样艰难。

味多美电商总监范志涛在接受《北京商报》采访时坦言：“目前，90%的电商属于平台型，味多美属于 10% 中的部分。对于味多美电商来说，涉足这个领域好比二次创业。味多美发展 21 年，但始终是传统企业，公司 2014 年转变发力线上电子商务，通过增加销售渠道，目前，公司手机订单量已超越平台订单量。”

范志涛告诫传统企业经营者：“对于传统零售企业，转型 O2O 平台时，最重要的是把握互联网思维和升级自身的 IT 系统。转型过程不易，团队不同、知识结构不同，很多工作难以推进。从线下到线上，消费场景的变化让各门店必须转变思维，从互联网角度应对消费需求并为消费者提供更加优质的服务。目前电商发展可以分为平台型与垂直型，但无论哪种模式，未来大的电商还是会由传统企业掌控。原因在于平台型电商没有自己的产品，没有自己的产业和服务就无法决定自身产品的品质和价格。”

在传统企业转型的企业中，味多美只是其中一个，福建七匹狼实业股份有限公司（简称七匹狼）的 O2O 转型同样值得一提。

提及七匹狼，很多营销专家都会认为是一家擅长军团营销的服装企业。然而，七匹狼却在悄然地布局，有针对性创建线下经销商的“商品交易平台”。在转型的号角声中，七匹狼向着 O2O 的炮火前进。

为了更好地实施 O2O 战略转型，七匹狼将运营总部从以服饰产业闻名的福建泉州搬迁至互联网发达的厦门。当然，七匹狼的这一举动不仅仅表现在地理位置的变化上，更是转型战略思维的转变。七匹狼作为一家传统服装企业，积极地转型，实施O2O战略，开展电子商务。

资料显示，七匹狼拥有3000多家线下实体店铺，这为七匹狼实施O2O战略打下了一个坚实的基础，七匹狼的O2O战略因此收到了不错的业绩。从2011年开始，七匹狼电子商务的业绩增幅保持了300%以上的发展速度。

为了更好地实施O2O战略，七匹狼特意空降新任七匹狼电子商务总监钟涛。对此，钟涛在接受媒体采访时介绍说："我们一直在思考，到了哪个阶段，分销商能真正成为整个电子商务的主角，让品牌商还原零售的本质？"

在钟涛看来，擅长传统营销的经营者一旦深刻地理解了互联网的精髓，特别是掌握了互联网营销的手段和技术，远比那些在互联网上有先发优势但不太懂营销的经营者更加厉害。这就是七匹狼发力O2O战略的意图所在——创建"网络分销商的门户"，即一个传统企业品牌的互联网分销商的管理平台。

为了避免组织松散，管理混乱，对于会员、客户和品牌传播力上没有统一标准，各经销商经常会因为利益的纠纷产生各种冲突的诸多问题，七匹狼为此创建了有序可控的分销体系。

据钟涛介绍，七匹狼的具体操作如下：七匹狼把所有的分销商进行统一分类——擅长新店推广的归为一类、擅长做爆款的归为一类、擅长做尾货处理的归为一类、擅长做数据营销分析的归为一类。然后，把这些分销商按照电子商务的七大块基础点有针对性地分拆出来，其后，各自寻找合适优秀的店铺，重点扶植，相互补充。这样的举措使得同样是销售，侧重点却有所不同。

在营销中，七匹狼注重差异化，在产品上，七匹狼进行有效区隔——即相同的产品用营销方式进行区隔，相同的营销方式用产品进行区隔。

钟涛举例说："比如有50款销量超过800件以上的T恤，就要把款式分配给各个分销商。”即使在七匹狼的连锁店中，不同店铺也都有 20% ～ 30% 的产品进行区隔。

为了有效地实施转型战略，从 2011 年开始，七匹狼开启了多元化的电商平台，不再局限在淘宝一家。淘宝的营销形式更像“巷道战”——它没有太多的攻守空间。竞争对手、新老客户都挤在一起“血拼”，没有纵深，过于密集，在那里延伸品牌和繁衍生息非常困难。

事实上，当今 B2C 平台的多元化，其营销方式也自然多元化。由于客户族群所处的平台不同，其营销方式也自然不同。为此，针对不同平台，就需要进行相关的营销方式。对此，钟涛解释说：“只要我们对 B2C 市场的形态进行细分，找到符合客户生态的分销商，就是一个完整的军团。”

事实上，O2O 战略是一个系统工程，需要渐渐地实施。为了配合 O2O 战略，七匹狼将店铺从一线城市向二三线城市下沉。

在本案例中，七匹狼和其他传统连锁企业一样，开始激活 O2O 战略时，也害怕 O2O 战略会引起渠道冲突。

然而，在 O2O 的转型战略中，七匹狼已经看到了未来传统电商的终极目标——O2O 线上线下联动。为了达到这个目标，七匹狼正在一步一步稳步推进电子商务。

七匹狼为了实现自己的终极目标，将实体店铺与网店相互补充，用网络去延伸实体店的丰富度。由于积分是互通的，保障了线下线上的便利性和权益，更加改善用户体验。线上会员的特权也可以在线下实现，让顾客无论是线下线上，都能同时享受到一样的服务。

二、拉夏贝尔的 O2O 战略

目前，很多传统企业经营者经常会走入极端，认为传统企业激活 O2O 的目的，仅仅是为了更有效地销售。

这样的观点是不全面的。在《传统企业做O2O的十大误区》一文中，学者叶开指出："企业一做O2O，就做成O+O了，在线上大做促销和爆款，钟情于电子商务和销售，恰恰忽略了利用移动互联和新技术等提升客户体验和服务体系。"

因此，传统企业激活O2O不仅仅是为了销售，更重要的是利用移动互联和新技术等提升客户体验和服务体系。这样的观点得到爱侬家政副总经理王克兰的认可。

王克兰在接受《北京商报》采访时就谈到这个问题："爱侬已经成立20多年，线下拥有40多家直营店，传统直营店转型需要过程。互联网对于传统家政行业有较大冲击，但爱侬家政正通过整合线下资源、培训阿姨、规范门店等措施抵御一些新型的家政平台冲击。"

为了更好地做好服务，王克兰介绍说："平台型互联网企业不需要房租、人员管理、人员住宿等方面，所以管理成本相对较低，但对于传统实体店而言，租金、人力成本较高。目前，爱侬家政上线了爱侬平台，40多家线下门店的所有保洁人员可在平台上统一展示，用户可以看到每一位阿姨的相关信息、评价，完成下单后可在线上支付，实现O2O闭环。"

为此，阿里巴巴创始人马云在公开场合坦言："服务是全世界最贵的产品，所以最佳的服务就是不要服务，最好的服务就是不需要服务。"

在马云看来，在21世纪，服务至上的理念已经深入人心。在日常企业经营过程中，影响企业业绩的不仅仅是价格、质量等因素，服务的优劣依然成为重要的影响因素。在服务管理中，做好服务工作不仅能缓解企业与消费者之间的矛盾，同时还能加深企业对消费者的了解进而提高服务。

从这个角度讲，企业经营者只有把服务做到位了，才可能提升消费者的忠诚度。当然，服务工作做得是否到位代表着一个企业的产品质量、整体形象及其综合素质。因此，能否赢得价值客户，不仅取决于产品质量、产品标准、产品价格等因素，服务也同样重要。

在当下，服务不是可有可无的，而是不可或缺的。随着互联网技术普及，越来越多的服务企业都在调整自己的商业模式。

因此，要想使得O2O发挥最大化的商业价值，仅仅塑造一个O2O模式概念是绝对不足以支撑企业服务的。O2O在各行各业的应用中必须做到两点：第一，线上高效的数据分析系统，积极处理客户问题；第二，线下提供扎实极致、让用户惊叫的产品。

然而，O2O市场需求的深度发展，线上交易，线下体验服务的趋势已经越来越明显，越来越多的行业加入O2O的大军中，如互联网+装修，互联网+搬家，互联网+家政，互联网+中介，等等。

由于这些行业没有标准化服务，再加上用户需求多样化、个性化，自然造成了品牌辨识度低，用户重购率低，仅仅凭借互联网+装修，互联网+搬家，互联网+家政，互联网+中介等为噱头来增大客户与商家的交流，其服务质量肯定是让人无法接受的。这也是当下很多O2O模式失败的原因。

炒概念，没有真正把O2O理解透彻，以为创建一个网站，加上几个快递员就是O2O，这种做法本身就是错误的，因为真正的O2O是建立在用户体验的基础之上的。

为此，作为传统企业的拉夏贝尔，在转型过程中，把服务和用户体验放到重要的地位，书写了一个传统服装零售转型的新样本。

据公开的数据资料统计显示，目前已有数百个国际服装品牌在京东商城开设官方网络旗舰店。在这些服装品牌中，有一个叫拉夏贝尔的服装品牌，虽然并不十分知名，但是却被一些媒体誉为“中国版的ZARA”。

2015年4月9日，拉夏贝尔正式在京东开设官方网络旗舰店。在2014年第四季度登陆港交所的拉夏贝尔，于2015年交出了上市后首份颇令市场满意的财报后，持续在O2O领域布局发力，拓展多品牌、全直营的发展策略。

在2015年两会上，李克强总理在政府工作报告中提到“互联网+”，让中国传统企业向互联网+转型进入一个全面的战略时代，这就为作为传统行业代表的服装制造业站在互联网+的风口提供了“猪长翅膀也能飞”的土壤。

从某种角度来说，在O2O的战略中，线上与线下的关系越来越紧密，特别是对于中小品牌的服装企业而言，在线销售模式的电子商务无疑在提升传统企业的利润空间。

当大公财经以“有人说互联网可以让商业回归本质，让制造业发挥优势，拉夏贝尔如何看待‘互联网+’？”为提纲采访拉夏贝尔常务副总裁王勇时，王勇是这样看待互联网+的：“互联网+的这股风已经吹到了服装行业。新兴互联网的工具给服装业提供了两个主要的机会：一是缩短了产品设计和消费者之间的距离；二是打通了整个产业链，从设计到生产的各个环节。我们于2014年上线了在ERP基础上的供应商管理系统，从设计端到外包工厂跟单的各个环节都可以在线上完成。拉夏贝尔作为多品牌、全直营的时尚服装运营平台，我们有天然的优势能够站在互联网+的这个风口。”

在此风口下，互联网热以及电商的迅猛发展，催生一大批无实体店的网络服装品牌。当然，也有一部分在线下积极地开设体验店提升用户的黏性。对于拉夏贝尔来讲，线上与线下结合的O2O电子商务模式正在赢得用户的认可。

王勇坦言：“我们认为线上和线下是两个平等的服务顾客的渠道，消费者到哪里，我们就服务到哪里。线下能给顾客带来购物体验、逛街的乐趣，线上则能给他们带来方便、效率，那么这两类服务我们都必须兼顾。对于我们来说，是非常自然地提出全渠道的概念。我们认为就是‘互联网+’，就是在互联网上做加法，而不仅仅是在互联网端做文章，其实就是回到了全渠道的概念。”

王勇的观点值得传统企业借鉴，全渠道提升传统企业的销售范围，比传统渠道更能拓展无数的用户需求。

回顾拉夏贝尔的电子商务之路不难看出，2014年8月，作为传统服装品牌商，拉夏贝尔首次积极拥抱互联网，开始实行线上下单、门店发货的O2O模式。不过，对于拉夏贝尔来讲，O2O并非是自己的终极目标，而是打通拉夏贝尔全渠道战略的开始。

在王勇看来，拉夏贝尔的终极目标，是要给用户提供全方位的无缝购物体验，同时盘活拉夏贝尔的货品、人员等一切战略资源，有效地实现拉夏贝尔的运营管理升级。当然，敢于打通零售的全渠道，源于拉夏贝尔的资源——在当时，拉夏贝尔拥有5600多个直营门店，这些直营门店覆盖中国所有省份，甚至深入到县一级的偏远城市。

正是这样的布局，才让拉夏贝尔能够快速将公司战略贯彻到所有直营门店，有效地协调线上线下和线下门店之间的利益，同时还能实时地掌握门店的销售数据和库存等多种变化的情况。

在线上线下的O2O模式中，拉夏贝尔实行同步上新，同款同价，甚至用户还可以在线上渠道直接购买拉夏贝尔的所有货品——无论是当季的，还是过季的。

拉夏贝尔将覆盖中国的5600多个直营门店作为仓储式，既是门店，又是一个个仓库，实行线上下订单、门店发货的O2O模式。相比其他传统企业的跨省物流，拉夏贝尔从直营门店发货的同城快递费用显然要低得很多，缩短了配送货品的时间，一般当日或次日就能能把货品送达用户手中。

为了更好地激活电子商务，2015年5月，拉夏贝尔上线了一套新零售系统，覆盖中国5600多个直营门店。该套系统的优势是，任何一个直营门店都可以通过店内终端设备直接查询拉夏贝尔所有商品的库存情况，不管某款商品是存放在其他直营门店，还是在大仓库中，只要用户下单，存放该商品的直营门店或者大仓就会按时发货配送。

拉夏贝尔采用线上线下的O2O电子商务模式由此实现了全网随购按时配送发货的全渠道模式。这样的好处在于，无论是线上还是线下，无论是电商平台还是移动端，无论是当季新品还是过季货品，用户随时随地都能通过线上下单来购买拉夏贝尔的所有货品，甚至拉夏贝尔凭借这套新零售系统，无论是在线上购买的，还是在线下直营门店购买的，用户可以去任何一个直营门店退换货。做到了全城全网通退换货的服务。

拉夏贝尔的案例给许多传统企业经营者试图打破线上线下的双线运营困局，化解线上线下冲突，并给用户提供满意的购物体验提供了一个借鉴的范本。

遗憾的是，对很多传统企业的经营者而言，这的确是一个棘手的命题。由于很多传统企业无法协调线上与线下渠道的利益冲突，自然也就无法破解商品、流量、营销、会员、支付等的难题。无论是 O2O 还是全渠道，要想实现线上线下的深度融合和联动，自然就必须解决这些难题。

反观拉夏贝尔，在不到一年的时间里，基本解决了商品、流量、营销、会员、支付五个难题，为实现全渠道打下坚实的基础。不仅如此，拉夏贝尔还提供了组织保障和制度保障，有效地实现了全渠道模式在拉夏贝尔整个组织内部顺畅执行。

为此，业内专家撰文指出：“今天，‘互联网 +’成了各行各业战略转型的方向。但是，需要认清的是，‘互联网 +’并不是传统零售简单地加上电商，它既不是把过剩库存放到线上甩卖，也不是组建独立团队，专门开发线上货品，与线下形成双线运营。对传统服装零售来说，真正的‘互联网 +’应该是利用互联网来推动所有渠道的融合和联动，进而推动资源利用效率的最大化，实现整个运营体系的升级，为自己打造出新的竞争优势。从这一点来说，拉夏贝尔的全渠道零售模式，是传统服装零售向‘互联网 +’转型的一种有效途径。”

第五节　重构价值链

对于任何一个转型中的传统企业来说，要想基业长青和永续经营，就必须创造价值。即企业为顾客提供满足其需求的产品和服务，达到创造顾客价值和获取利润的目的。为此，美国哈佛商学院著名战略学家迈克尔·波特提出了“价值链分析法”。

迈克尔·波特的“价值链分析法”涉及企业生产、销售、进料后勤、发货后勤、售后服务，以及人事、财务、计划、研究与开发、采购等方面。

从“价值链分析法”可以看出，在企业的所有经营活动中，真正创造价值的经营活动才是价值链上的“战略环节”。因此，传统企业要想持续地保持行业竞争优势，必须在价值链的某个战略环节上保持高效运作，降低更多成本或者创造更多的顾客价值。基于此，传统企业在转型时，就必须重构自己的价值链，这样才能更好地转型。

一、重构“互联网＋时尚”价值链

当众多传统企业纷纷实施转型战略时，作为传统企业的美特斯邦威也不例外，也在积极地重构自己的产业链——再造“互联网＋时尚”价值链。

众所周知，很多传统服饰企业采取了关闭传统门店和加速婴童产业布局的措施根治产品同质化和高库存的顽疾。

面对产品同质化和高库存这个顽疾，美特斯邦威有自己的一套解决办法，即通过重构“互联网＋时尚”的价值链，有效地赢得90后消费群的极大关注。

2015年4月22日，美特斯邦威正式发布了首款以时尚搭配体验为载体，整合全球“有生活态度”的时尚品牌，打造零成本、零风险的智能化创业工具——“有范”平台。

当“有范”平台发布后，立即得到了业内分析人士的好评。一些研究者因此认为，“有范”平台的创建，打破了传统服饰行业在互联网创新上的固态思维，其举动对于传统企业转型升级来说，更具有典型的标杆性意义。

的确，在如今火红的用户至上的时代，用户往往通过软件完成得体的穿搭已经不再是一件难事。通过移动终端，用户与专业造型师零距离咨询已经成为现实，甚至还可以查看不同的穿搭造型，同时还可以在海量的国际国内品牌中挑选适合自己个性化的穿搭，实时地进行在线交流，甚至还可以得到定制化的专属建议。

不仅如此，用户还可以通过互联网的便捷，将造型师提供的建议一秒钟下单，只需利用碎片化的时间就能够高效率地完成曾经需要花费数十倍时间的购买过程。这样的用户体验不是在电影或者电视剧中，而是美特斯邦威“有范”平台所规划出的一个用户应用场景。

美特斯邦威服饰董事长周成建坦言：“目前互联网与传统产业的结合已上升至国家战略高度，可以说，传统行业正处于重生的黄金时代。未来美邦将会聚全力通过‘互联网+’模式实现平台化发展：一方面深化对自主时尚品牌的挖掘，并支持自主时尚品牌的产业链升级，另一方面深度整合全球时尚产业资源，为国人的审美和时尚服务，这也是美特斯邦威呼应创新驱动发展政策的具体实践成果。”

研究发现，“有范”平台已经成为传统服饰行业中首个借力“互联网+”战略转型落地的范例。在谈及“有范”平台的创建时，周成建坦言：“美邦已经清醒地意识到，移动互联网会带来完全不一样的生活形态和生意方式，未来的商业变革将不再局限于商业信息是否对称的变革，不再局限于信息技术不断创新的变革，不再局限于以价格形态助推消费需求的变革。”

周成建进一步解释说：“未来基于移动端的商业形态不再仅仅由信息对称驱动，在大数据挖掘基础之上根据不同消费者的个性化生活态度和生活方式而实施的精准营销将会扮演越来越重要的角色。以美邦为例，如果能获取并分析好4000余家门店及周边数以亿计的客流所产生的行为数据，就能获得许多关于消费者的个性化信息……过往我们会觉得大众的网络消费可能主要通过价格比较来推动，但个性化信息可能会告诉我们，具有不同个性和生活态度的消费者并不会局限于选择最低价的商品，更应该是有不同的价值判断和追求。”

在周成建看来，平台化转型将成为美特斯邦威整合全球时尚产业资源的一个发力点。据周成建介绍，“有范”平台的定位是穿搭市场，仅仅是时尚行业中的一个细分领域。这个市场聚焦了当下很多90后消费者。

当然，“有范”平台的创建解决了消费者对于穿衣配搭有疑惑却无法得到有效建议的痛点，美特斯邦威通过多品牌引进战略及造型师资源，满足消费者希望高效率完成穿衣搭配的需求，有效地提升用户的忠诚度。

二、重塑前端价值链，提升单品利润空间

按照迈克尔·波特的价值链分析法，一般企业的价值链战略环节可以简化为原料采购、设计生产、分销渠道、营销广告、销售消费、售后服务六个环节。

在这六个环节中，由于企业内部职能部门与外部主体的不完全可控性，可能导致利益冲突和合作不力等问题，这个链条在激烈竞争的环境中无疑是最为脆弱的，被互联网化的可能性也最大。

传统企业重构价值链时，必须清楚知道，互联网 + 的本质就是传统企业在线化、数据化。在过去十多年时间里，在企业价值链层面表现为一个个环节的互联网化：从消费者上线开始，从客户服务到销售消费、营销推广、批发零售、设计生产、原料采购，从 C 端逆流而上地渗透到 B 端，实现企业价值链的"逆向"互联网化，见图 2-5-1。

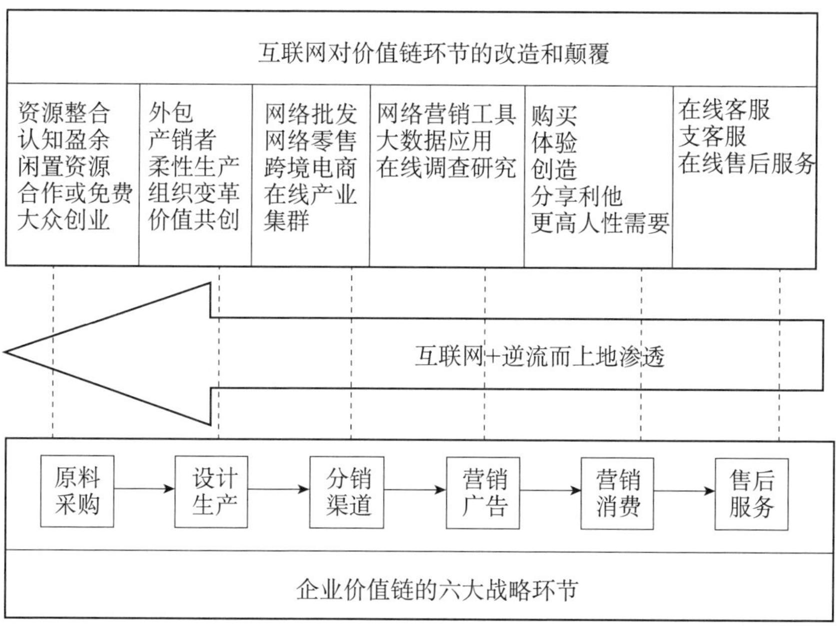

图 2-5-1　互联网 + 传统企业价值链

在阿里巴巴第五季活水计划学者王淑翠看来，这种价值链的变化“衍生”程度不同产业的互联网化，这些产业从早到晚大致次序为：营销广告业、批发零售业、文化娱乐业、生活服务业、金融、跨境电商、制造业等。

对此，联想集团董事长兼CEO杨元庆断言：“全面向互联网转型是我们刻不容缓的目标。我们需要快速建立起互联网的业务模式，产品有更好的互联网应用体验，销售有更强的互联网通道，市场营销要更充分发挥互联网的特性和手段，以消费者为核心，推广我们的产品，宣传我们的形象。”

在杨元庆看来，再造价值链将成为联想的未来发展之路。的确，联想并非唯一一个再造价值的企业。在众多传统企业转型中，一直专注空调的志高空调，也在积极地探索价值链的再造。

作为一家专业化程度颇高的传统制造企业，志高空调重塑其价值链的做法，值得更多中国传统制造企业借鉴。

在互联网思维影响企业发展时，志高就已经涉足互联网。早在2009年，志高开启互联网引擎，开始布局触云战略。

2012年，志高推出了全球首款变频云空调，拥有行业唯一一家云服务中心，并牵头制定了全球首个云空调地方标准。

为了顺利地研发云空调，志高空调重塑前端价值链，提升现有的单品利润空间。在空调行业，志高是典型的技术驱动型企业，在定频空调时代，志高先后多次刷新空调能效的世界纪录；在变频时代，志高的空调也能做到比竞争对手更节能。

除了前端价值链的重塑，志高还在持续拓展中后端的价值链。这是中国制造企业很少触碰的领域，但是志高在这块荒地上做出了一些有益的尝试。

志高空调向互联网企业学习，推出了云空调这样的智能终端，试图提前布局智能家居。不过，志高空调总裁黄兴科也坦承后端价值链重塑之难。

黄兴科表示，志高智能家居产品的推广，目前面临的最大问题在于，基础网络设施还有待进一步升级完善，这会直接影响客户对产品的使用体验。从志高来说，云空调市面上已销售十几万台，但占整个公司整体销售的比例不高，上升空间还很大。不过，没有人走过的路总会多一些杂草，志高关于价值链重塑的互联网实验可能会为中国传统制造业企业开出一条新路。

第三章 传统企业转型的“术、法、道”

目前，在互联网＋这场声势浩大的技术革命推动下，对于任何一个传统企业来说，要想更好地生存和发展下去，转型是一个不得不做的抉择。

任何一个事物都有两面性，当火热的互联网＋为中国传统企业带来巨大挑战时，同时也给中国传统企业转型带来了巨大的潜在商业价值。

在此背景下，当我们走访很多传统企业后发现，依然有成千上万的传统企业经营者不知道该如何转型。如“怎么也看不清形势”“认不清机遇”等诸多问题困扰着传统企业。具体的问题如下：

（1）很多传统企业都在积极地转型，可究竟哪些传统企业应该向互联网＋转型？互联网＋转型对传统企业而言究竟意味着什么？传统企业所处的行业是否也应该顺应潮流？

（2）转型升级已经把传统企业推上了风口浪尖，传统企业不转型，就意味很难基业长青和永续经营，可谈及转型，传统企业经营者却又不知道应该从何处入手。

（3）很多经营者投入了大量的人力、物力、财力积极地推动传统企业转型，却仍以失败告终，“万一转型不成功”的恐惧症让很多传统企业经营者对转型望而却步……

（4）传统企业如果要转型，应具备哪些转型条件？怎样才能降低传统企业转型的沉没成本与风险？

（5）传统企业如何才能利用自身在转型过程中找到创新模式，突破其所处的行业瓶颈？

面对如此困局，作为传统企业经营者：

在转型时，必须清晰认识传统企业转型的战略意义，即传统企业为什么要转型。

在转型时，必须掌握转型思维，并学会优化的转型基本步骤与路径。

在转型时，必须结合传统企业实际情况，有效运用传统企业转型的模式与方法，有效地实现传统企业的转型。

因此，在这个路径中，要想达到这样的战略目的，就必须做好传统企业转型的“术、法、道”。

第一节　传统企业转型的“术”：以技术升级转型为基础

在当下的大数据时代，传统企业曾经的信息不对称壁垒已经被打破，兴起的商业创新正在改变目前的商业格局。

在传统企业转型中，需要弄清楚传统企业转型的“术”，即：转型不仅仅是一次推动传统企业自身变革的动力，更是一场革命。

基于此，建议传统企业经营者，在转型过程中尽可能地以技术升级转型为基础，找到转型后续的赢利池，这样转型的成功概率才更大。

一、深化产品改良和创新

在传统企业的转型中，很多企业由于自身的战略需要，往往积极主动地深化和改良，甚至创新其产品，以此来获得竞争优势。比如，作为辣椒酱龙头企业的老干妈就非常重视产品的改良和创新，从而一统天下。

老干妈之所以能在短短的十几年时间里从无到有、从小到大，发展到今天行业第一的规模，离不开陶华碧的产品改良。可以说，正是陶华碧一直坚持可持续发展战略、不断提高企业的创新能力，保证了老干妈的生产规模和加工工艺。

为了保持老干妈发展的可持续性，陶华碧深化产品改革和创新，即采取产品差别化战略，从产品的质量、产品款式等方面实现与其他企业的差别。在此基础之上，实行产品专业化，不断地深化产品改革和创新，提高产品质量，有效地满足消费者更多的产品需求。

然而，作为一种劳动密集型的产业，“老干妈”与老字号企业一样面临技术创新的问题。由于技术存在局限性，过去传承下来的技术工艺都是师傅带徒弟传承模式，更谈不上现代技术开发体系了，甚至还有不少工艺技术已经过时，即使有些传承下来的特有技术，多数也未形成现代意义上的自主知识产权，不规范，也未受到应有的保护。

老字号的技术创新同样也困扰着老干妈，2005 年，由于“老干妈”的订单太多，产品供不应求，竞争对手渴求的订单问题却一度让陶华碧困惑。

究其原因，陶华碧一直依赖一大批创业初期的技师，这些技师都有着十几年的工作经验，而且对掌握配料的比例、炒制的火候、灌装的技巧等经验非常丰富。当然，要想增加一批这样的技师，其培养过程都需要耗费大量的时间和精力。假设继续遵循传统的手工生产模式，在短时间内是不可能实现质量和产量的双赢的。即鱼和熊掌不可能同时兼得。

然而，当大批订单如雪花般飞来时，创新问题就横亘在陶华碧面前，只有迈过这道坎才能解决现代化大生产的技术问题。在这样的机遇下，陶华碧下决心把技改创新作为老干妈发展的第一战略来实施。

为了早日解决创新问题，陶华碧集中领导力量、集中技术骨干、集中专项资金，开始实施三次技改创新，即通过自动化生产，不断地提高老干妈生产的效率、扩大老干妈的优势产能，有效地实现质量和产量的双赢。

2006 年至 2008 年，陶华碧实施一期技改，集中研究出口产品半自动燃气炒锅炒制品工艺、灌装半自动化、自动广口瓶清洗、消毒、烘干机、配料、车间和大型综合库房项目。耗资 1 亿元。

2009 年，陶华碧又斥资 2.9 亿元，研究全自动化冲击工艺。即机械化封盖、自动贴标、自动封箱、卸垛机、码垛机、自动炒制机等项目。

之后，老干妈又实施第三次技改创新——全智能化生产。“老干妈”的生产、管理标准化和可复制化将得以实现，未来就能像肯德基和麦当劳一样，只要有市场需求、条件允许，就能随时实现快速扩张。

老干妈的三次技改创新，提升了老干妈的竞争优势，其产能、产值节节攀升——2006 年实现产值 12.8 亿元，一期技改完成的 2008 年跃升至 18.8 亿元，2011 年总产值 31 亿元，上缴各项税金 3.8 亿元；2012 年实现产值 33.7 亿元，纳税 4.3 亿元；2013 年，产值达 37.2 亿元，利税 5.1 亿元；三期技改完成后，2020 年预计将达百亿元……

在辣椒酱领域，并不是仅有陶华碧一人觉察到辣椒行业的巨大商业价值。当“老干妈”面市没多长时间，“老干爹”“阿香婆”等诸多竞争对手随后蜂拥而起。尽管“老干妈”最终傲视群雄，笑到了最后，不过与湖南双峰县“永丰辣酱”存在几个世纪的历史相比，老干妈等企业都是辣椒行业的后来者。

曾经辉煌一时的“永丰辣酱”，曾作为朝廷的贡品被进献给当时的咸丰皇帝，因此名声大噪，从湖南双峰走向了更为广阔市场。截至 20 世纪 80 年代，永丰辣酱畅销华夏大地，包括中国香港、中国澳门、中国台湾等市场，甚至还远销日本、美国市场，达到年产 1500 吨的产业规模。

在今天看来，1500 吨似乎微不足道，但是在 20 世纪 80 年代的中国，这可是一个天文数字。然而，由于诸多原因，永丰辣酱达到增长峰值辉煌后便停留在了这一水平，其后开始萎缩，最终湮没在市场的历史长河中，被消费者淡忘。

当永丰辣酱沉寂后，一些研究者梳理后发现，永丰辣酱这个拥有绝对优势的行业领头羊并不是被“老干妈”等后来者冲垮的，与其说它在惨烈的市场竞争中一次次败下阵来，不如说是称霸市场之后战略失焦、一系列错误举措导致的“自毁长城”。

资料显示，永丰辣酱是湖南省双峰县永丰镇生产的，因其地名而闻名于世。湖南省双峰县永丰镇盛产灯笼辣椒，当地居民就以灯笼辣椒为原料，以民间制酱的传统工艺方法加工而成，最早的制酱传统工艺可追溯到明代。

改革开放后，中国市场经济的号角正式吹响。位于中南地区的湖南也同样觉醒，正式拉开社会主义市场经济的序幕。1986 年，成立国营永丰辣酱总公司。其下属分公司均以“永丰辣酱”品牌来推广和销售其产品。

20 世纪 80 年代，由于中国物资匮乏，其市场需求的旺盛超出经营者的预料。为了拓展似乎没有边界的市场，一些分公司为了扩大辣椒酱产能，大肆收购湖南省双峰县永丰镇以外的辣椒代替本地辣椒，任意缩短辣椒酱的加工工艺流程，甚至还掺杂面粉、豆渣等原材料。这样的行为无疑给永丰辣酱的品牌形象造成不可挽回的巨大伤害。一些观察家痛心疾首地评论道：“具有三百年历史的永丰辣酱牌子砸在了当代人手中。”

永丰辣酱的陨落主要有两个方面：一方面是基于品牌知名度而生的投机心理，自以为“皇帝女儿不愁嫁”，忽视市场营销，根本不把消费者放在心上；另一方面，则是根深蒂固的骄纵自满情绪作怪。永丰辣酱的管理者认为，永丰辣酱之所以被评为名优产品，全因采用传统土法技艺生产，没有必要耗资引进先进工艺和机器设备，因此对科学工艺退避三舍。对于上级拨付的技术贷款，永丰辣酱三厂却用来购置锅炉、修建水池，并没有用以提高自身的生产能力和工艺水平。而与此同时，陶华碧等草根创业者却将千辛万苦筹措到的有限资金，投入现代化生产线的建设当中。

不可否认的是，由于老字号创新不足，在经营理念、技术、产品和服务上缺少创新，不能与时俱进，随着消费水平和消费方式的变化而变化。

永丰辣酱与“老干妈”，这则百年老字号与后起之秀的故事又一次提醒人们，商业世界中，此消彼长的巨大落差往往在一念之间注定，那些看似强大的行业领导者也许并没有意识到，在他们风光无限时，或许正是技术创新的好时刻。一旦当后起之秀用技术创新解决传统工艺的产能问题时，才觉察到危机到来，可能已经来不及了。

为了避免重蹈永丰辣酱的覆辙，陶华碧进行了技术创新。在技术创新上，陶华碧尤其重视对新产品的开发，几年时间内相继开发出风味豆豉油制辣椒、辣三丁油制辣椒、风味鸡油辣椒和风味水豆豉等 10 多个新产品，同时还耗资 600 多万元用于厂房、生产车间、机械化流水线生产等硬件设施建设和技术改造，成立专门的技术攻关小组，进行各项技术研究和改造。

二、在技术升级的基础上转型

对于任何一个传统企业来说，没有技术升级的转型无疑是一次“死亡之旅”。在生存与死亡的竞逐中，技术转型升级已经成为传统企业未来发展的必然趋势。

无论制造企业还是服务企业，其成长几乎都依托在成本和规模两个名词下。

曾经，中国制造成本优势依托于四个方面：土地很便宜，劳动力也很便宜，政府给商家减免税，商家还勇敢地逃税，对环境保护不需要承担任何责任。因此，企业凭借成本性优势，做大规模。

经过 30 多年的快速发展后，如今，传统企业经营者发现，曾经的成本优势已不再明显。中国企业遇到的困难是：土地变得越来越贵，劳动力成本越来越高，地方政府给的税收优惠越来越少，偷漏税越来越困难，企业的自律意识、政府的监督意识越来越强。

面对如此困局，作为传统企业来说，其转型的着力点就落在创新，尤其是核心技术的研发上，一旦传统企业依托以核心技术的研发为基础进行转型，那么就赢得新一轮的竞争，否则无疑是一次自杀行为，因为以核心技术为竞争的当下，没有核心技术就意味着缺乏竞争力，其转型成功的概率就大大降低。

在世界空调业，要想在诸多品牌中脱颖而出，就必须凭借核心技术。在2001年以前，格力电器落后世界领先空调企业十多年。

为了追赶和超越空调核心技术，格力电器通过自主研发，在短短几年的时间里，就追赶并超越了世界领先企业。而这一切都源于格力电器前董事长朱江洪和现任董事长董明珠的科技情结。

在格力电器总部的一面墙上，写着朱江洪的名言："一个没有脊梁的人永远挺不起腰，一个没有核心技术的企业永远没有脊梁。"因此，在格力电器的发展中，恪守"只有掌握核心科技，才能挺起'中国创造'的脊梁，才能拥有国际话语权"的企业理念，在技术研发的投入上，格力电器非常重视，也毫不吝啬，甚至不设门槛，主要根据格力电器未来发展的实际需要"按需分配"。

仅仅在2009年，格力电器在技术研发上的投入就超过20亿元。2010年，格力电器对技术的投入再创新高，超过30亿元。这样的研发投入是中国空调行业科研中投入最多的企业之一。

在董明珠看来，中国的民族企业要想在全球市场上立足，不应依靠广告和包装，而应该掌握自主研发的技术。董明珠对创新科技的坚守得到了时任中华人民共和国总理温家宝的高度评价。2010年11月15日，温家宝在视察格力电器时说："没有核心技术，企业就没有脊梁；没有科技创新，企业就没有灵魂。"

在中国民族品牌空调技术领域打拼了20多年的董明珠，对温家宝总理的这句话深有体会。在董明珠看来，中国制造业如果不能掌握核心技术，只能成为世界的加工厂，没有任何竞争力可言。在2011年两会上，董明珠的一个重要议案是"自主创新"。

在议案中，董明珠这样写道："中国制造业如果不能掌握核心技术，不能自主研发技术，就会变成一个纯粹的加工厂。对于格力来说，正是因为我们有自己的技术，不依赖别人，使得我们这个品牌得到了提升，而且在金融危机那一年我们的利润税收增长了45%。由此可见，自主创新对中国的发展是至关重要的。”

董明珠的议案是有理由的，正是因为格力电器坚持关键技术的自主研发和自主创新，有了核心技术，才挺起了中国制造的创新脊梁，从只有一条简陋的年产量不过2万台窗式空调生产线的默默无闻小厂，发展成为全球最大的空调制造商，并获得中国空调行业第一个也是唯一的“世界名牌”的殊荣，也因此让以技术为王的欧美以及日本企业不得不放下身段与格力电器合作。

第二节　传统企业转型的“法”：敢于放弃短期利益

有些传统企业由于在某些领域中拥有明显的竞争优势，而且还占有绝对的优势，甚至有的经营者被这种自身的优势思维桎梏起来，可谓是根深蒂固，其转型的积极性相对来说自然就不那么强烈。

当市场环境发生巨大变化时，传统企业一旦不积极转型，就意味着只有死路一条。面对此种困境，传统企业经营者往往会大胆地突破僵化的思维，毅然地实施转型战略。比如，作为中国传统家电制造标杆企业的海尔集团，在首席执行官张瑞敏的领导下开启了一场轰轰烈烈的转型革命——裁员万人、进行近乎“伤筋动骨”的转型。

海尔集团的转型独排众议，大步地向期望的战略迈进。海尔积极转型的做法，为中国提供了一个巨型企业转型实践的绝佳商业案例，同时也为中国企业如何转型带来些许的思考和借鉴。

从海尔转型的迫切程度来看，中国企业转型不仅必要，而且势在必行，因为拒绝转型的传统企业没有未来，企业优势总会被趋势所替代。因此，只有转型并敢于放弃短期利益，才能转型成功。

一、敢于壮士断臂，其转型成功概率更大

大量事实证明，对于巨型企业的经营者们而言，企业转型的动力永远都是来自市场外部的竞争，如中央处理器（CPU）的霸主英特尔。

英特尔曾经是存储芯片的霸主，由于遭受日本企业的恶性价格战之后，作为英特尔公司前董事长和首席执行官，安迪·格鲁夫 (Andrew S.Grove) 被迫开启英特尔的转型之路，彻底放弃存储芯片，聚焦在中央处理器的研发和生产。经过几番转型，英特尔最终成为中央处理器的王者。

作为蓝色巨人的 IBM 也同样如此，在面对戴尔、联想、华硕等个人电脑企业竞争时，IBM 前主席兼首席执行官路易斯·郭士纳 (Louis V. Gerstner) 采取主动转型，积极开展软件与服务的转型，最终成就了世界最大的蓝色巨人。

面对金融危机，当竞争对手纷纷束手无策时，作为“蓝色巨人”的 IBM，却能力挽狂澜，其股价一涨再涨。

当我们研究 IBM 的股价走势后发现，2012 年 8 月，其股价已几乎达到了 2009 年 IBM 低潮时的两倍，见图 3-2-1[①]。

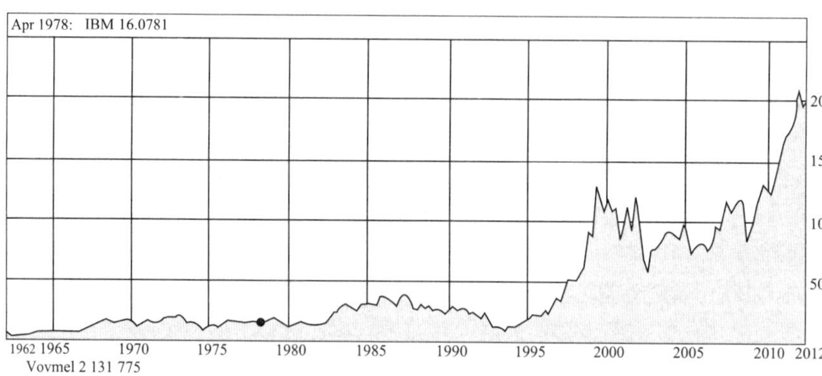

图 3-2-1　1962—2012 年 IBM 股价走势图

① 数据来源：瑞杰 .IBM 成功转型：昔日蓝色巨人变身软件巨头，2012-08-22。

与 IBM 不同的是，像惠普、思科等竞争对手在金融危机时的股价却不尽人意。如惠普，在 2012 年遭遇一系列打击后，惠普公司的股价远低于 2009 年同期；不仅是惠普，连当初“力拔山兮气盖世”的思科，其股价表现同样令投资者失望，被 IBM 远远甩在身后；在华尔街“华山论剑”中，尽管微软和甲骨文这两家公司的股价表现较好，但是依然无法与同期的 IBM 股价表现相提并论。

学者瑞杰为此撰文指出：“需要指出的是，在此轮股价疯涨过程中，IBM 的股价不仅达到了千禧年科技企业泡沫经济时的高度，而且远远超过了当时的股价顶峰水平。但以上提及的其他科技企业股价却依旧远低于各自科技企业泡沫时期的股价。”

事实上，IBM 的股价“逆势上涨”，的确足够令人兴奋。但是 IBM 是如何做到的呢？答案其实非常简单，在转型过程中，IBM 将业务重心不断地转移。

以前，IBM 的核心业务是硬件生产和研发，并出售大型主机。如今的 IBM，尽管仍然生产和研发硬件并出售大型主机，但是，这块业务所占 IBM 营业收入的比例已经越来越小。

20 世纪 80 年代末 90 年代初期，当 IBM 逐渐被小型竞争对手在“PC 革命”中追上并赶超后，IBM 就已经开始了转型之路——向“服务型企业”转型。

需要说明的是，在过去 10 多年中，IBM 之所以能够复苏，是因为自身遍布全球的 IT 服务，尤其是针对大型企业和政府客户所提供的 IT 服务。

虽然目前 IT 服务为 IBM 贡献不小的营业收入——每年为 IBM 带来超过 600 亿美元的营业收入，但是，IBM 再次开始转型，再次逐渐削弱 IT 服务的重要性。

当研究者们明白 IBM 战略转型时，IBM 早已在为成功转型做准备了。为了能够转型成功，IBM 已经在过去 10 年的时间里努力地转型了。当微软、甲骨文等软件巨头的业绩证明了“软件企业利润率远远高于硬件及 IT 服务企业”的法则时，IBM 硬件公司向软件公司的转变已经多时，IBM 的转型使得自身和投资人获得巨大的收益。

在这里，我们来分析一张 IBM 2000 年和 2011 年运营利润分析表就不难发现其中的道理，见图 3-2-2[①]。

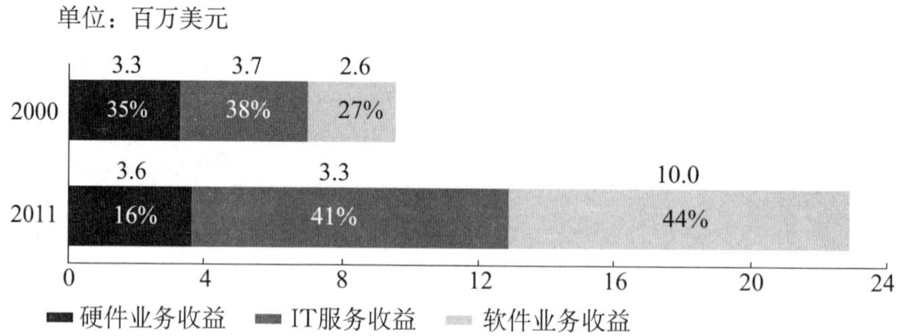

图 3-2-2　IBM 2000 年和 2011 年运营利润分析表对比

在图 3-2-2 中，深灰色部分为“硬件业务收益”，中灰色为“IT 服务收益”，浅灰色则为“软件业务收益”，即 2000 年软件服务收益仅为 27%，而到 2011 年，软件业务收益为 44%，占据 IBM 销售收益的四成以上，足以成为 IBM 整体利润中的重要组成部分。

公开数据资料显示，2011 年，软件业务为 IBM 贡献 250 亿美元的营业收入。而 2011 年甲骨文的总营业收入为 260 亿美元，其中有不少营业收入都来自软件支持和更新授权文件等“服务类”业务；2011 年，惠普的软件业务营业收入为 320 亿美元。

从 IBM 数次成功转型来看，企业在转型时，只有敢于放弃短期利益，才有可能顺利转型，如 IBM 把 PC 事业部出售给联想就是一个例子。

从这个角度来说，传统企业转型不仅需要决心，更需要魄力。曾经在零售、家电、商业地产行业的领军者们的苏宁、海尔、万达等传统企业，尽管其优势非常明显，但是却正在遭遇电商、互联网思维、城镇化瓶颈、房地产市场放缓等因素的多重冲击。

① 数据来源：瑞杰 .IBM 成功转型：昔日蓝色巨人变身软件巨头，2012-08-22。

为了持续经营，这些巨头也不得不寻求转型。因为只有积极地转型，同时敢于放弃短期利益，才能获得新生。正如苏宁创始人张近东所言——“优势总会被趋势替代”。

二、转型战略必须符合长远规划

但凡成功的伟大企业，都曾经历过数次转型，甚至敢在自己最具竞争优势的价值链上转型。有学者断言，敢在自己最具竞争优势的价值链转型，是检验传统企业是否真转型的一个重要标准。这为那些有意让传统企业基业长青和永续经营的经营者主动转型提供了一个重要的参考依据。

遗憾的是，很多传统企业经营者总是以转型为噱头，以此来吸引投资者、银行等机构，甚至有学者分析认为，90% 的中国传统企业转型都不是真格的。原因在于，企业创始人在短期利益和长远利益之间举棋不定，这就导致传统企业的转型仅仅停留在“皮毛区”，踯躅不前。

正因为如此，这样的传统企业在转型时，是不会取得成功的。因此，传统企业要想真正地转型，就必须改变自身的基因，勇于在自己最具竞争优势的价值链上转型。如苹果公司创始人史蒂夫·乔布斯（Steve Jobs）发现未来的智能手机将会取代 iPod 后，迅速调整方向全力打造 iPhone，最终将苹果公司打造成为一家伟大的科技公司。这样的眼光与魄力，值得中国传统企业经营者学习与借鉴。

每次苹果公司发布财报前，一些市场研究机构总会预测苹果的经营业绩。如 2016 年 4 月 19 日，市场研究公司集邦电子（TrendForce）发布数据预测称，2016 年一季度，苹果公司向零售商发售了 4200 万部 iPhone，较上季度下降 43.8%，同比下降 31.3%。这样的业绩在苹果公司历史上还是第一次。

该报告还显示，在苹果公司产品中，iPhone 占了总营收 70% 的比重。这样的比重让苹果公司不得不开始转型，不得不开始降低硬件的营业收入比例，强化从硬件向“生态系统”转型。为此，英国杂志《经济学人》发表评论文章称：“苹果目前的战略与乔布斯在位时相比已是大相径庭，苹果公司未来将更加依赖‘生态系统’，而非硬件设施。”

在史蒂夫·乔布斯的带领下，苹果公司从电脑向 iPod 转型后，又经历了 iPhone、iPad、iWatch 转型。事实上，苹果公司一直在致力于不断地更新其未来的产品蓝图，同时也愿意向过去的辉煌致敬。

在苹果公司的版图中，30 年前，苹果公司创始人史蒂夫·乔布斯意气风发地占据弗林表演艺术中心舞台，在这个舞台上，展示了苹果公司的最新 Mac 电脑等产品。

2014 年 9 月 9 日，史蒂夫·乔布斯的门徒——继任者蒂姆·库克也在弗林表演艺术中心发布众多新产品——两款新 iPhone、一款可穿戴设备 Apple Watch。

在这个舞台中央，蒂姆·库克像史蒂夫·乔布斯在 1984 年时那样向外界宣誓：“这将是苹果故事的新篇章。”

这样的宣誓自然吸引无数人，特别是消费者、分析师、投资人……当然，蒂姆·库克也在竭力地向这些人提供新产品，试图证明苹果依然可以沿袭史蒂夫·乔布斯时代的极致产品和转型。

当然，蒂姆·库克的转型使命是有其原因的，由于在 2014 年的几个季度里，苹果公司强有力的现金流产品之一 iPad 销量已经开始有下降的趋势。值得蒂姆·库克欣慰的是，2007 年推出的 iPhone 手机依然占据苹果公司收入的半壁江山。

为了更好地赢得转型的胜利，作为船长的蒂姆·库克不得不做出转型改变的决定——研发新产品，减少苹果对 iPhone 手机、iPad 平板电脑营业收入的依赖，而是更依赖“生态系统”，即软件、服务、数据，以及大量合作伙伴的集合体。当然，这样的转型开始取得一定的成效，苹果公司的软件与服务营业收入开始逐年上升，见图 3-2-3。

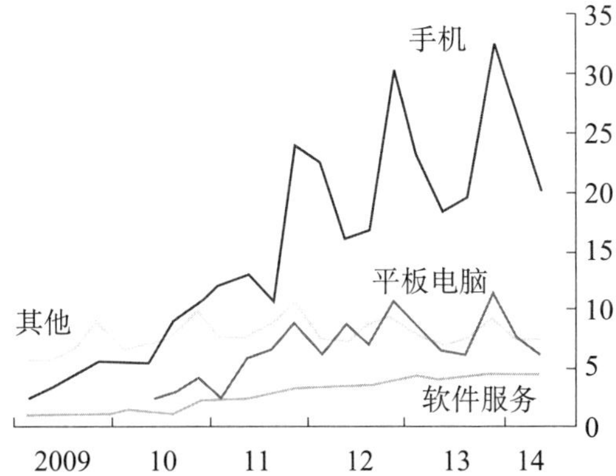

图 3-2-3 苹果软件与服务营收逐年上升

众所周知，苹果公司仅仅作为一家硬件制造公司，不转型自然有其担忧的理由。在市场份额方面，在与韩国三星、中国华为、中国小米的正面竞争中，苹果公司目前正处于劣势阶段。

在操作系统方面，谷歌安卓操作系统已经占据全球智能手机市场的71%份额。不过，高定价的苹果手机正在被韩国三星与中国华为、中国小米所挑战。

根据市场研究公司IDC数据显示，苹果公司产品的平均售价为609美元。然而，全球智能手机的平均售价仅为249美元。虽然苹果公司为此可以获得海量的销售利润，但是也使得苹果手机的用户群越来越小。股票经纪人科林·吉利斯在研究苹果公司的产品后称，苹果公司越来越像一个生产奢侈品的公司。

在这样的背景下，转型也就迫在眉睫。为此，蒂姆·库克除坚守当前的手机产品外，也在积极地拓展智能手表和无人驾驶汽车的市场。

在Apple Watch产品中，配备了可测量佩戴者关键体征的传感器。当用户使用Apple Watch时，可将心跳发送给其他佩戴Apple Watch者。这样的互联是一种全新的信息表达方式。

由于Apple Watch的售价为349美元，而且与iPhone手机绑定方能使用，这就降低了Apple Watch成为其他昂贵手表有力竞争者的概率。尽管如此，仍有许多用户依然坚持使用 iPhone 手机，同时购买 Apple Watch。

在线服务方面，很多研究者认为苹果公司是一个落后者，其实这样的观点是不客观的。尽管苹果公司在推出地图服务受挫之后，但是苹果公司的服务与应用令用户爱不释手。在 iTunes 平台上，苹果公司的活跃用户就超过 8 亿人。

基于此，苹果公司从硬件向软件和服务转型也就在情理之中。在苹果公司的软件和服务中，包括 iTunes、应用 Store，来自授权和其他业务的收入等都在稳定增长。2013 年，苹果公司在软件和服务的营业收入就超过 160 亿美元。

第三节　传统企业转型的“道”：构建长青的赢利系统

对于任何一个传统企业来说，成功转型都需要科学的方法论，特别是在转型时构建基业长青的赢利生态系统尤为重要。

针对传统企业的转型困境，不仅是战略规划、组织调整、人员文化重塑这三大议题，同时还必须构建基业长青的赢利生态系统。这样系统的方法，目标是为了打造一个持续经营和基业长青的百年老店。

为此，在如今“互联网 +”“O2O”“平台”“跨界”等诸多口号与旗帜下，传统企业需要找到一条脚踏实地的、可以对照实施的、企业自我革命再创巅峰的转型道路，从而实现真正的基业长青。

一、荣昌 e 袋洗的转型基础

随着用户消费观念的变化，城市海量的宅男、宅女，以及懒人们不再像传统的消费者那样出门消费，而是更愿意在互联网上实现其购物需求。

用户市场需求的改变无疑倒逼传统企业经营者的服务升级换代，以适应新变化下的消费需求。

近年来，微信点餐、团购、二维码等O2O运营模式正在走进用户的生活中。用户只需点开手机APP，或者敲敲键盘，在互联网上下订单就可以享受到快捷的服务，对于用户来说，这种既省钱省时又省力的消费模式可谓是大受欢迎。

在这种模式的背景下，一种全新的服务升级模式——“互联网+服务”正在引领传统企业的服务管理新模式，以一种全新的模式走进用户消费的新时代。在第十届商业模式论坛上，荣昌洗衣以自己独特的O2O模式赢得了评委们的芳心，顺利地入围第十届商业模式企业榜。

作为传统企业，荣昌洗衣从最初的传统线下连锁加盟开始兴起，发展到2000年左右，荣昌洗衣遇到了商业模式发展的瓶颈。

为了解决这个问题，荣昌洗衣创始人张荣耀开始自己的转型之路——通过“一带四”+联网卡的模式连接互联网。

随着互联网，特别是移动互联网的普及，2013年11月，张荣耀再次“自我革命”，推出基于移动互联网的O2O洗衣服务产品e袋洗。

e袋洗之所以能从传统企业中脱颖而出，与中国互联网的发展和崛起有关，这也是张荣耀进行“自我革命”的动力所在。

面对媒体的采访，荣昌洗衣创始人张荣耀是这样说的：“是自己革命，还是被别人砍头？自我革命，至少留个体面，被别人革命是很难堪的。”

张荣耀说这样的话，源于其人生经历。1990年，张荣耀从北京工商大学（原北京轻工学院）毕业后留校任教。“为了解决家族就业问题”，张荣耀开始创业。1990年，张荣耀创立荣昌洗衣。

经过多年的发展和壮大，目前荣昌e袋洗在微信上拥有20多万用户，APP端10万用户，累计30多万用户，日订单数在4000左右，客单价扣除代金券在60元左右。作为典型的传统企业，e袋洗的创业团队却以85后为主。

研究发现，成千上万的传统企业，由于对互联网不了解，特别是当前互联网+成为国家战略后，面对新一波移动互联的时间窗口，这些传统企业经营者忧心忡忡，不知如何自处，甚为焦虑。

面对此问题，张荣耀坦言，传统企业向互联网转型之所以失败率高，与利益的束缚不无关系。此外，很多传统企业本身在价值观与模式上存在问题，不少企业希望与政府走近，信权贵而不信市场，故长期以重资产和轻（远离）用户模式运转，让眼下的转型负重不堪。

张荣耀之所以能发现这个问题，是因为在当下的用户眼中，一切都会互联网化，即使是处在连锁企业的链条上，也不例外。为了适应尝试互联网化，作为老牌洗衣连锁企业的荣昌起步较早。

早在 2000 年，荣昌就曾与新浪尝试网上洗衣服务的合作，由于当时互联网普及率不高，以及用户对互联网相关产品和服务较为抵触，最终无疾而终。

10 多年后，随着中国移动互联网的普及，尤其是微信产品得到用户的热捧，荣昌洗衣创始人张荣耀敏锐地意识到机遇真的来了。

2013 年，荣昌涉足移动互联网，创立“荣昌 e 袋洗”品牌，转型为一个名副其实的 O2O 连锁洗衣企业。

为此，张荣耀创建了“荣昌 e 袋洗”的微信公众号，用户可以通过该公众号下单，荣昌工作人员在 30 分钟内上门取件。用户只要用荣昌“e 洗袋”提供的洗衣袋，不管袋中能装下多少件需要洗的衣服，不管是水洗还是干洗，其统一标价为 99 元 / 袋。

为了有效地实施互联网化，张荣耀创建了荣昌洗衣 O2O 示范中心。该中心位于北京酒仙桥丁香园内。当需要清洗的每袋衣服进入工厂流程后，工作人员都会经过配有监控录像设备的操作台，将袋中需要清洗的衣服进行分类，打上条形码，识别衣服的区域、位置和所有者信息。然后，工作人员通过微信给用户发送一份清单，主要是袋中衣服的详细情况，如袋子里有几件衣服、哪件有破损，如何处理，等等。随后工作人员经过流水线式清洗和细分化熨烫衣服。

当工作人员最后检查衣服清洗和熨烫效果后，最终完成打包、上挂。目前，北京酒仙桥荣昌洗衣 O2O 示范中心每天能够清洗衣服 10 000 件以上。在荣昌“e袋洗”推出半年中，已有数万人下单，微信公众号的粉丝数竟然突破20万人。

为了激活用户需求，荣昌e袋洗在微信公众平台上评出“周袋王”“月袋王”“年袋王”等纪录。打破新纪录的袋王，竟然塞下的衣物是平时洗衣报价的6倍多，达到738元。

不仅如此，荣昌还举办线下活动，如教用户怎样在袋子中装更多的衣物；当韩剧《来自星星的你》热播时，每个下单的用户都会收到荣昌e袋洗送的啤酒炸鸡；组织用户参加特斯拉电动汽车试驾活动……

通过活动，张荣耀的目的在于抓住更多的用户。如今荣昌的用户数量和活跃度都在快速增长。张荣耀为了让这些用户更具黏性，尽可能缩短整个服务时间。一般地，荣昌e袋洗从收衣到洗涤完毕，再送回用户家里，其周期需要72小时。

这样的周期在张荣耀看来实在太长了，经过研究，应该把周期缩短，尽可能地控制在48小时之内。为了保证48小时的承诺，荣昌洗衣在每个小区都安排自己的运送员工。目前，荣昌e袋洗已经覆盖全北京，正在逐步向全国扩张。

二、金百万的转型延伸

在当下，O2O模式已经成为餐饮行业互联网+时代最好的践行者，不管是传统餐饮巨头全聚德，还是金百万等，都在积极地向互联网+迈进。这些餐饮企业很多都成为名副其实的互联网餐饮公司。

例如，全聚德，其电子商务平台涵盖了网上预定、网上销售、呼叫中心、移动设备支持、第三方接入等与互联网相关的服务。这些服务主要用于：全聚德官方网站的宣传；网上订桌、外卖订餐，真正地实现线上预订，线下消费的新体验；实现网上电子商务，包装食品网上销售，结算；实现微信营销、移动App建设。

2015年2月，全聚德在全景网互动平台上高调宣誓，2015年全聚德会加大互联网方面的投入与合作，以市场需求、顾客需求为准绳，提升老字号营销形象。同时，全聚德强调，全聚德十分重视互联网时代下的营销工作，全聚德与各门店也一直与相关业务的互联网公司有所合作，比如大众点评网、到家美食会，以及苏宁易购等。在互联网+时代，积极转型的不仅是全聚德，还有金百万。

在首都北京的餐饮行业中，金百万的知名度非常高，拥有近50家门店（37家是直营店）。金百万大多开在社区附近，主打家常口味的产品，好吃却不昂贵，店面的就餐环境也追求干净舒坦，因此成为婚礼、日常就餐、家庭或同伴聚会的场所。

当互联网+踢开了餐饮行业的大门后，作为餐饮一分子的金百万也开始实施互联网+战略。在多家门店都辟出了专区，提供给用户“全智能互联网体验”。

在餐饮行业，中餐虽然能赢得食客好评，但是想把生意做大却很难，原因有二：第一，口味口感难以标准化；第二，受制于时间和空间，交易集中在“饭点”，餐位有限。

如何解决充分利用现有资源，扩大产能，提高效率，就成为餐饮行业共同面对的难题。为了解决这个问题，金百万创始人邓超试图探寻解决方案。

邓超先尝试创建网站，为注册会员做外卖。在这个过程中，邓超发现，这种做法依然无法突破就餐的时间限制，因为叫外卖和堂食的消费者仍然集中在饭点就餐，这无疑给金百万的服务增加更大的压力。

邓超后来改卖半成品，这样可以解决消费者自己做菜时买菜和加工的两个痛点，对于烹饪技艺的痛点同样无能为力，有些消费者不会做饭，因此购买频次极低。

邓超经过对会员系统的大数据分析和市场调研后发现，消费者通常有三个诉求：方便快捷如泡面；好吃可口如餐厅；价格便宜像盒饭。

了解消费者的诉求之后，邓超着手解决这三个问题。于是他亲自带领16个厨师组成菜品研发团队，研发适合消费者需求的菜品。

2013年，该团队创造了餐饮的一个新品类——“准成品”。只要“有锅有油，三分钟做熟”，这样的卖点大受消费者欢迎。

金百万的准成品与半成品最大的不同是，不管什么食材，只要翻炒三分钟就能出锅。但是，这个新品类的市场教育成本过高，而且不够“傻”，还需要消费者翻炒。

邓超同时也意识到，要想赢得消费者认可，就必须找到“爆点”，而且其操作简单到一键完成。于是，邓超与智能锅厂家共同研发了与准成品匹配的智能炒锅。其后便尝试做全智能互联网餐厅，这样的服务不仅带给消费者很强的参与感，社交媒体因此广泛传播金百万的这种场景体验，自然也就带火了金百万餐厅。

当邓超解决了消费者需求之后，如何快速复制这种模式？如何为拥有金百万智能锅的顾客及时配送准成品？邓超基于金百万的数据分析，精准洞察到消费者的消费场景，决定利用场景化的社区O2O，来连接线上线下的消费行为，为消费者实时提供能够满足其需求的产品或服务。

为此，邓超规划了许多离线场景：通过金百万直营店或加盟店转身“社区食堂”；通过百姓自家厨房和社区小商超，服务于在家吃饭的百姓；通过办公室就餐区和办公楼附近的餐厅或小商超，提供工作餐服务。

不可否认的是，所有场景的搭建都离不开社区，在这方面，金百万拥有得天独厚的资源，因为它的店大多开在居民集中的区域，这为它做社区O2O打下了稳固的基础。然而，对于金百万的未来发展模式，目前资本方有两个声音，一方建议它打造产品平台，做加盟，通过线下店，拿一个产品打天下，用它来吸引粉丝到产品平台上，实现盈利。另一方则建议做成渠道平台，为更多商家服务。金百万正面临着抉择。

金百万的转型，无疑是餐饮行业的一个成功转型范例。在互联网+时代，餐饮经营的不仅仅是饭菜，更是关乎与消费者相关的大数据，正如中国烹饪协会副会长、小南国餐饮控股有限公司董事局主席王慧敏所言："当下正处于餐饮+互联网最好的时代，只有紧扣时代脉搏，在未知的商业空间洞察需求、经营需求、创造需求。"

在王慧敏看来，"传统服务业是在市场扩张增量中形成的以经验为主的发展模式，而未来的成功餐饮则将在细分市场数据的驱动下经营。通过对餐厅数据的分析和挖掘决定菜品的研究和服务模式，并且通过这种数据驱动精细化管理来降低上升的各项成本，获取新的利润增长点"。

传统企业转型 10 个着力点

随着消费者需求的改变，不得不迫使传统企业转型。基于此，一旦不积极转型，传统企业自然就面临倒闭的危险。

为此，尚域企业战略转型咨询机构董事长郭成林分析说："对于企业，转型有两种：第一种，被迫转型，当问题集中到不能解决的时候，倒逼企业转型，这种转型成本是很大的，也是很痛苦的，但不手术必须死亡；第二种转型，是预见式转型，是企业领导人的战略洞察能力超强，这种企业家是稀缺的，比如 IBM 当年把 PC 业务卖给联想，就是在 PC 机快不值钱的时候提前卖了个高价，IBM 提前完成转型，非常成功，但这种企业家在全世界也是凤毛麟角。"

在郭成林看来，对于传统企业来说，不管是被迫转型，还是预见式转型，都是在迎合时代发展的巨轮，在寻求新的突破点，这样的传统企业往往能够成为百年企业，在滚滚的转型巨轮下，不断前行。从这个角度来说，传统企业经营者只有找到并且抓住转型的着力点，才能更有利地让企业成功转型。

第一节 思维转型：颠覆传统的转型思路

传统企业要想成功地顺利实现转型，首要的任务就是企业家思维的转型。在当下，传统企业转型思维必须建立在“用户至上”的基础之上。

这与过去企业经营者所讲的“用户至上”“产品为王”有着本质的区别。在过去，传统企业经营者的这种口号一般出于两种目的：要么是经营者的自我标榜，要么是出于企业经营者的道德自律。

在如今，用户已经抢占了消费主权的制高点，企业不得不实施用户至上战略，因为企业经营者只有真正地贴近用户，用户才会去购买给自己尊重和个性化的企业的产品。

当然，这样的思维转型，并不是否定过去所有正确的商业思维，也不是颠覆传统的管理手段，更不是颠覆曾经所有的商业模式。

在这里所倡导的思维转型是，当商业社会自身进化到一个阶段后，企业经营者必须精准地满足用户的需求，即在新的经济社会形态和客户个性化需求的背景下，企业的商业进化过程必须调整相应的商业思维方式——企业经营者需要在产品、技术、用户体验、渠道、市场营销等方面自我提高、自我进化。

一、创始人回归与“李宁”的转型

在中国体育用品企业中，李宁公司是一个值得研究的企业。自从李宁公司成立以来，其营业额长期处在增长的状态中，直到攀升至2010年的94.78亿元。

此时此刻，志得意满的李宁公司，距离100亿元的销售大关只有一步之遥。创始人李宁和大家一样，认为销售额突破100亿元只是时间问题。

然而，李宁公司的业绩并没有按照这样的意想发展，当经历极速成长后，李宁公司几年的业绩都稳步不前，甚至还出现亏损。

当100亿元大关挡住了李宁公司的去路时，当时地位如日中天的李宁公司的营业额就此止步，一个关键的因素是，当消费者变化时，李宁公司的高层没有贴近消费者，没有为之积极地转型。

数据资料显示，2011年，李宁公司开始出现大量的产品库存积压。2012年，李宁公司开始大规模裁员，甚至关店，其年亏损额接近20亿元。在此后的2013年、2014年，李宁公司的业绩没有出现好转的迹象，依然持续地亏损。

在这样的情况下，李宁公司董事会不得不更换CEO，撤下时任CEO的张志勇，把复兴的重任交给新CEO金珍君。

此刻的金珍君，如同当年北伐时的诸葛亮："受任于败军之际，奉命于危难之间。"尽管金珍君与诸葛亮有着同样的意愿，遗憾的是，李宁公司并没有因为志得意满的金珍君的到来，燃起新的希望。相反，李宁公司依然没有赢利，更是持续地亏损。

为了让李宁公司停止业绩亏损，2015年初，李宁公司创始人李宁重回领导岗位，大刀阔斧地领导转型。在不到一年的时间里，李宁就将公司的业绩扭转盈亏，将李宁公司领回到增长的发展轨道上。

然而，李宁这大起大落的故事，还得从2010年说起。2010年，为了赢得年轻用户的认可，如日中天的李宁公司开启了自己的营销蓝海引擎。

在这样的变革策略下，领导层不仅更换了李宁公司的LOGO，同时把口号"一切皆有可能"更换为"make the change"，甚至还提出了新的产品理念，将目标用户锁定在90后。

由于领导层过于乐观，其做法导致李宁公司的库存激增。为了处理激增的库存，领导层不得不采取打折销售的办法，为此，甚至还一度出现了"关店"的负面信息，严重地损害了李宁的品牌形象。

在2010年到2012年的这段时间里，李宁公司遭遇发展困局——由于业绩不理想，引发了订单下滑、股价大跌等企业危机。

在如此严峻的时刻，李宁壮士断腕，不得不让为李宁公司服务20年的

CEO 张志勇“激流勇退”，由空降的 CEO 金珍君完成复兴大业。

2012 年 7 月，金珍君出任李宁公司代理 CEO 一职，其后，公布了三个复兴计划：

第一，关注零售终端销售及清理渠道存货；改善产品和运营的成本结构；加强组织和执行能力；改善渠道效率、盈利能力及业绩表现；聚焦核心产品和国内市场；加强品牌投入和改善营销效率。

第二，（2013 年至 2014 年）改善供应链管理、营销和产品规划模式；提供更多的一流产品及客户体验。

第三，（未来二到四年）改造业务模式以提高公司和渠道的利润结构；在产品及消费者品牌体验上更切合市场需求；在提高零售效率和现金及投资回报率上打造良性循环。

上述三个复兴计划，被媒体称之为“金氏操盘行动纲领”，金珍君的每个动作都在围绕这三个计划在行动和部署。因此金珍君在当时被看作是振兴李宁公司的“救世主”。

“屋漏偏逢连夜雨，船迟又遇打头风。”然而，金珍君的加盟，并未让李宁公司扭转乾坤。尽管新 CEO 金珍君对李宁公司进行了一系列大刀阔斧的改革，在金珍君看来，只有把李宁品牌作为中端消费市场的突破口，才能挽救大雨滂沱中的李宁公司，但遗憾的是，金珍君这样做却并没有取得预想的业绩——2013 年，李宁公司的亏损一度达到 3.92 亿元。2014 年上半年，李宁公司的亏损幅度再次扩大，竟然高达 5.86 亿元。

纵观同期的其他国内体育品牌，很多都取得了较为理想的成绩。2014 年上半年，安踏体育的净利润就达到 8.03 亿元，361 度的净利润增长 28.3%，达到 2.63 亿元，匹克的净利润增长 34.6%，达到 1.21 亿元……

反观李宁公司，李宁是 2014 年上半年 5 家上市体育品牌中唯一亏损的企业，截至 2014 年 7 月，李宁公司的门店数量从 8255 家缩减至 5671 家。

媒体为此发表评论文章称：“这些品牌以山寨的形象、低端的价格、农村包围城市的策略，一夜之间揭竿而起，遍地开花，撼动了李宁在国内市场的根基。曾经被李宁公司碾压的安踏体育，自 2012 年实际营收 67.23 亿元开始，连续几年在营收上超越李宁。”

在整个李宁公司的转型过程中，持续的亏损说明其转型未被市场认可，在产品定位、产品设计、渠道等多方面依然存在重大问题。

2014 年 11 月，由于没有让李宁公司这艘大船驶离亏损的海湾，被赋予重任的新 CEO 金珍君不得不选择离开。创始人李宁在万般无奈之下，不得不重新接管李宁公司这艘困在大海深处的大船。

在危难之际，创始人力挽狂澜的案例举不胜举。联想创始人柳传志、福特汽车创始人亨利·福特……李宁也同样如此。

李宁的回归，旨在能够让李宁公司顺利地转型。为了成功转型，李宁可谓颇为用心，不仅开启了互联网经营思维，而且还开通了微博，竭力地提高自身的曝光度。

为了赢得用户的认可，李宁努力地追随互联网的时尚潮流。功夫不负有心人，当李宁发布 90 条微博后，竟然赢得了近 200 万的粉丝热捧。

在李宁的微博中，如周一见、duang、壁咚、黑凤梨、伐木累等网络热词随处可见。不仅如此，在李宁公司成立 25 周年时，李宁放弃“make the change”的口号，将李宁公司的口号重新改回“一切皆有可能”。

李宁的强势回归，让曾经的中国体育用品名牌“李宁”又重新回到用户的视野中。为此，李宁在微博中发出这样的赞许：“只要有你们的支持，我相信，李宁，一切皆有可能！”

为了赢得用户的认可，除了发布微博，李宁还频繁地参加各种公众活动。在当时，为了让李宁公司拿下 2015～2016 赛季中国男子篮球职业联赛的赞助商，李宁不遗余力地推动，甚至带着自己的女儿参加深圳马拉松长跑……

自从 2012 年开始成为中国男子篮球职业联赛的官方赞助商后，李宁公司每年都为夺冠球队设计冠军纪念服。

在 2015 年中国男子篮球职业联赛总决赛中，李宁公司设计的冠军 T 恤却意外地引发了事件营销。

事情是这样的，北京队冠军 T 恤的正面图案被贴上了黑色的胶带，偌大的印有“北京队吉祥物和冠军鼎”的图案被黑色的胶带从中挡住了一大截，看起来相当别扭，原来黑胶带遮住了图案上“牛 B”两个字。

当这件事被曝光后，瞬间让球迷沸腾不已。当然，正是李宁公司把准了当下互联网 + 时代文化的脉，有意地设计一个接地气的创意，引燃了这次冠军 T 恤营销事件。

这个欲盖弥彰的黑胶带帮李宁公司“炒火”了冠军 T 恤，也让李宁品牌的传播更广泛，在短期内产生惊人的品牌影响力。

冠军 T 恤的销售异常火爆，据公开资料显示，在北京地区，李宁专卖店大批用户排队购买冠军 T 恤，一天的销量竟然高达数万件。

互联网 + 改变了李宁公司的品牌塑造模式。为了更好地顺利转型，李宁为此东奔西跑。在重掌大权之前，李宁频繁地接触多家互联网公司经营者，旨在借鉴互联网公司的经验能够顺利地让李宁公司成功转型。

经过几番接触，华米科技高管主动找到李宁，共同探讨跨界合作的事情。正是这次洽谈，促成了李宁公司和华米联合研发智能跑鞋的项目。在互联网 + 思维背景下，智能跑鞋的价格优势非常明显，不仅降低了用户体验智能跑步的门槛，同时也为李宁公司的顺利转型提供了动力。

在不到一年的时间里，智能跑鞋的销售量竟然高达 40 万双。这样的业绩让创始人李宁心有所悟，除了智能跑鞋，还推出了智能足球、智能羽毛球拍、儿童智能定位鞋，等等。

在转型过程中，李宁除了与科技公司跨界合作之外，还让篮球运动员韦德一起参与设计篮球鞋。2015 年 10 月底，为韦德打造的“韦德之道 4”（WOW Wade 4）篮球鞋问世。这也是韦德成为“李宁韦德之道”首席品牌官以来参与设计的第四代篮球鞋。这样的篮球鞋重新提升了李宁的品牌价值，同时还接地气。

李宁之所以能够带领李宁公司成功转型，是因为在上述因素之外，还大力地开拓互联网的线上业务。为了让互联网线上业务更为通畅，李宁决定绕开传统的营销渠道，建立更为高效的供应链体系。

正是李宁对电子商务的重视，李宁再一次抓住了新一代消费方式。公开资料显示，2015 年，李宁公司的电商渠道销售由 2014 年的 5% 提高至 25%～30%。

当李宁公司与京东达成战略合作后，京东为李宁提供电商业务的整体解决方案。不仅如此，李宁公司还与天猫达成战略合作。

公开资料显示，2015 年“双 11”活动中，天猫李宁官方旗舰店销售额达到 12.5 亿元，全网运动行业单天单店销售额第三；天猫平台李宁品牌整体交易额超 2 亿，两项数据均稳居国内运动品牌销售额榜首。

取得如此辉煌的战果，让创始人李宁有些许欣慰，于是启动线下销售网络的“渠道复兴计划”。李宁这样的布局，不仅优化了李宁公司的线下渠道，同时也扩张了李宁公司的直营网络，收回李宁门店销售的代理权，提高了李宁公司直营店铺的销售和盈利能力。

李宁创造新的产品、新的渠道、新的运营方式，以及新的体验，旨在为了加强与合作伙伴长期合作关系。

“路漫漫其修远兮，吾将上下而求索”。此刻的李宁同样面临此问题，从整体来分析，作为创始人的李宁，要提升李宁公司自身的品牌优势，不仅需要研发智能新产品，提高直营店铺销售和盈利能力，同时还必须积极地拓展电商业务，因为在互联网 + 时代，谁离开互联网，谁就被淘汰。正因为如此，李宁积极地接近互联网，才让李宁公司顺利地转型，这是作为创始人的李宁对李宁公司“一切皆有可能”的完美诠释。

二、败退中国的敦豪败局

2017年4月1日，华为发布2016年年报数据显示，华为2016年运营商、企业、终端三大业务实现全球收入 5216 亿元，同比增长 32%，净利润 371 亿元人民币，同比增长 0.4%。

此外，在研发投入方面，2016 年华为持续投入未来，研发费用达 764 亿元人民币，占总营收 14.6%。

尽管华为取得不俗业绩，但是华为的判断却几年前。早在 2013 年 12 月 31 日，华为就发布了一份名为《用数字赢未来，数字化重构新商业》的行业趋势报告。

在该报告中，充分支持了互联网和大数据对于传统产业的颠覆性影响，并断言——未来的企业，无论从事什么行业，也无论企业的规模大小，首先是一个“高科技企业”，不能充分利用信息技术实现业务升华和改造的企业，在信息时代是没有生存空间的，如同今天用马车和高铁来竞争一样。

数字社会将迎来新一波发展浪潮，这个浪潮的标志是互联网从商业的价值传递环节向价值创造环节渗透，数字社会和物理社会走向更加深入的融合，互联网 + 成为传统行业创新的焦点，也是传统产业数字化重构的起点。

从华为发布的《用数字赢未来，数字化重构新商业》行业趋势报告不难看出，互联网对如今的传统企业的颠覆性改变已经是不言自明。因此，传统企业在转型过程中，不能忽略互联网的重要性。在这里，我们以中外运敦豪国际航空快件有限公司败退中国为例。

2011 年 6 月 29 日，中外运空运发展股份有限公司对外发布公告宣称，其下属中外运敦豪国际航空快件有限公司（以下简称“中外运敦豪”）将所持有的全一快递、中外运速递公司及金果三家公司的全部股权转让给深圳市友和道通实业有限公司。

该公告的发布无疑意味着敦豪撤出在中国大陆地区市场的所有快递业务。当然，DHL 的败退其实不过是宗庆后跨国公司都是“纸老虎”的正面解读。在宗庆后看来，跨国公司不太懂在中国做生意。

1986 年，由中外运空运发展股份有限公司与德国敦豪合资，组建了中外运敦豪，双方各持股 50%。

经过多年的发展，中外运敦豪也取得了一些业绩。2009 年，中外运敦豪收购了全宜快递、中外运速递和金果三家公司的 100% 股权。其后，开始整合，并在中国大陆展开快递业务。

然而，中国大陆市场的竞争非常激烈，使得中外运敦豪遭遇发展瓶颈，原因归结为两方面：

第一，在中国大陆地区，由于快递行业的业务竞争过于惨烈，价格战在各个快递公司之间更是如火如荼，外资快递企业由于缺少成本优势，使得外资快递企业亏困严重。敦豪快递也同样难逃厄运。数据显示，截至2010年末，中外运敦豪下属开展中国国内业务3家公司累计亏损约9923万元。

对此，中商流通生产力促进中心高级分析师梁焕磊在接受《国际金融报》记者采访时一针见血地指出："价格上处于劣势，使得部分外商经营的国内快递企业在与某些国内快递公司竞争过程中处于相对不利的地位。在目前价格仍然是重要竞争手段的国内快递业中，部分民营企业的价格优势非常明显，国际物流大鳄的规范程度、服务质量优势等尚不足以抵消其成本和价格方面的劣势，这是根本原因。"

第二，2009年10月1日，修订后的《邮政法》正式开始实施。不可否认的是，《邮政法》的实施，在一定程度上限制了外资企业在中国大陆地区从事境内快递业务。如《邮政法》中第五十一条明确规定："外商不得投资经营信件的国内快递业务。"

众所周知，信件等文件递送的业务量在国内快递中占据很大的比例，中外运敦豪国内信件等文件快递就占其国内整体业务量的35%。

当然，中外运敦豪并不认可自己撤退是退缩或者放弃，而是根据现状调整自己的发展战略而已。时任中外运敦豪亚太区CEO许克威在接受媒体采访时明确表示："目前国内快递市场的竞争方式和发展环境，并不适合敦豪快递的进一步发展。但国内快递市场是一定要切入的，但目前时机未到，当国内快递的商业环境、法律环境等条件规范的时候，才是我们切入的时机。目前DHL将集中火力重点投资和拓展中国的国际快递业务。"

不管是战略性撤退，还是败退中国，这其实都是一个意思的两种表达。因为中外运敦豪已经出售中国业务，这意味着其败退中国已成为事实。

中外运敦豪的败退并非一件偶然事件，只不过是中外运敦豪没有顺应时局发展而已。在传统企业的转型过程中，消费者的变化无疑会淘汰很多传统企业。快递作为一个较为传统的行业，同样遭遇这样的冲击。只有积极转型，挖掘快递行业的蓝海市场，才能带来意想不到的战略机遇。因此，快递企业的经营者，不仅需要日常的运营管理，更需要积极转型，只有把持着“小步快跑、快递迭代”的思维，才能够保持着行业的发展的商机同行。

事实证明，互联网，特别是移动互联网已经改变人类的生活和商业模式，甚至有专家撰文指出，当经营者有一天发现自己已经掉队了，到那时已经来不及了，中外运敦豪的败退就是这样一个败局案例。因此，作为传统企业经营者，面对时代的变迁时，完全不能按照常规的商业思维来制定远期战略，只有积极地转型，拥抱趋势才能赢得未来。像中外运敦豪一样败退中国的跨国公司尤为如此。

第二节　战略转型：跨界边界正在扩张

在传统企业的转型中，跨界成为战略转型的一个选择。在当下的互联网＋时代，一切的变革都以用户为基础。

查阅相关资料发现，在互联网＋的多个特征中，跨界融合排在首位。其实，互联网＋“就是跨界，就是变革，就是开放，就是重塑融合”。作为传统企业经营者，只有“敢于跨界了，创新的基础就更坚实；融合协同了，群体智能才会实现，从研发到产业化的路径才会更垂直”。

当然，在转型过程中，“融合本身也指代身份的融合，客户消费转化为投资，伙伴参与创新，等等，不一而足。同时信息革命、全球化、互联网业已打破了原有的社会结构、经济结构、地缘结构、文化结构”。

由于“权力、议事规则、话语权不断在发生变化。互联网＋社会治理、虚拟社会治理会是很大的不同。另外关于互联网＋，生态是非常重要的特征，而生态的本身就是开放的。我们推进互联网+，其中一个重要的方向就是要把过去制约创新的环节化解掉，把孤岛式创新连接起来，让研发由人性决定的市场驱动，让创业并努力者有机会实现价值”。

基于此，要想成功地转型，摆在传统企业经营者面前的这条跨界融合的路，似乎在考虑他们的决心，因为跨界融合已经成为传统企业成功地转型，尤其是互联网+转型的一个重要战略支撑点。

一、361°的跨界转型

2015年，“互联网+”占据中国媒体的头条，掘金其市场潜力的传统企业多如牛毛。究其原因，当互联网+被提上国家战略后，跨界就成为企业家们优先战略联盟的一个突破点。不管是互联网企业不断地涉足传统行业，还是传统企业纷纷地贴近互联网+，行业的边界也就日渐地模糊，因此学者把这称之为，“所谓跨界的边界正在风情万种中摇摆”。

随着大数据、智能化、移动互联、云计算等互联网信息技术的层出不穷，互联网和传统产业正在深度地跨界融合，这样的趋势在未来的商业格局中更加明显，甚至互联网巨头、制造业巨头、内容运营商、软件应用企业都正在迅速地合作融合。

当很多传统企业在向互联网+迈进时，传统企业与互联网+的融合正在快速发生，尽管在转型中遭遇一些挫折，但是在强化融合时，互联网+却给传统企业的融合带来巨大的商业机会。

新浪董事长曹国伟分析说：“最近的数字显示，中国已经有85%的网民通过手机上网，但互联网经济在整个国民经济当中只占7%，互联网经济的增长仍有很大潜力。”

面对如此巨大的商业价值，作为传统企业，该如何触发互联网+的创新驱动作用和融合呢？

国务院发展研究中心副主任隆国强在接受媒体采访时认为：“我们不能

只有一大批新经济互联网企业，同等重要的是，要用信息化的思维与技术来改造我们的传统产业。”

在隆国强看来，“互联网 +”与工业制造业领域的结合必然为中国传统企业带来重大的商业价值。的确，受各个国家战略引领和市场的大力推动，全球物联网的大规模应用正在呈现加速发展态势，物联网所带动的新型信息化与传统领域走向深度融合，特别是在互联网 + 时代，物联网对传统行业和市场所带来的冲击和影响已经广受关注。

在传统的制造行业，这样的影响也同样存在。据媒体报道，作为传统企业的 361°，联合互联网搜索巨头百度研发了一款儿童智能防走失的鞋。

众所周知，361° 智能童鞋，是第一款采用百度鹰眼技术接入的必穿戴设备。该技术提供精准的定位检测服务。在室内通过 WIFI 定位技术，其精度达 30 米。

该鞋的原理是，将 GPS 芯片内置在鞋舌的卡槽中，以 GPS + LBS 的定位技术结合手机 APP，通过 APP 实时掌握定位信息。

当该产品公开发布后，多家媒体都在关心 361° 智能童鞋这个项目。该鞋的主打功能，就是在儿童的鞋子中嵌入智能芯片和定位系统。当儿童鞋子的定位系统与手机相连后，家长就可以实时地监控孩子所在的位置。

在跨界中，361° 智能童鞋的确是一个很好的范例。作为传统的服装企业积极地与互联网巨头百度跨界融合，合作成立“大数据创新实验室”，通过大数据洞察消费者的个性化需求。

可以说，361° 把跨界落实到产品层面，就是推出 360° 儿童智能鞋，把智能、互联网深度地融合起来，进行了一次革新性的跨界创新尝试。这就意味着 360° 敢于颠覆传统模式，甚至是敢吃螃蟹的第一家企业。

361° 品牌负责人在谈及为何要做儿童智能鞋时，说道：“在这个连接一切的时代，传统企业最欠缺的就是连接用户的能力，缺乏与用户持续有效地沟通方式。”

在该负责人看来，互联网 + 时代的大背景下，361° 制造了智能儿童鞋。这是因为361° 打造了一款有温度的产品。

一只联网的鞋子，不仅仅只是“鞋子+物联网技术+定位技术”那么简单。媒体报道称，2015年，361° 发布了一款“智能防丢童鞋”，其操作模式堪称典范。

在产品设计方面，361° “智能防丢童鞋”实现跨界合作。361° 负责“智能防丢童鞋”的外观设计与生产，百度负责提供精准的鹰眼定位技术，联发科则提供了为穿戴式和物联网设备设计的内置芯片。在营销推广上，361° 提供了品牌与渠道，百度则以大数据平台的分析结果提供决策支持。

在这里，需要提醒的是，传统企业必须弄清楚自己的转型战略方向。为数众多的传统企业向电商转型，甚至与互联网巨头合作研发智能产品，时常会陷入一种短期投机思维的陷阱中，即优先考虑产品能赚多少钱，或者互联网平台能给多少曝光位，或者能导入多少流量。

当然，传统企业经营者这样做，虽然情有可原，但是却忽略将产品作为黏住细分用户社群的入口，在不断互动中寻找更多的增值空间的可能性。

反观361° 的互联网+之路，从“智能防丢童鞋”的核心功能来分析，主要是通过定位技术来解决防止孩子走丢的刚性需求。361° 品牌中心总经理赵峰在看电影《亲爱的》之前没有意识到，中国每年有超过20万名失散儿童。

当互联网+袭来时，赵峰立即想到，361° 可以制作一款儿童智能鞋，让其父母用手机就可以实时定位自己孩子的精确位置。

这样的创意产品自然是一个典型性场景化的成功范例，购买该产品的用户非常清楚在何种条件下使用，并且对“智能防丢童鞋”的使用需求也十分非常强烈，用户极其强烈的购买意愿也就在情理之中。

事实证明，“智能防丢童鞋”取得了不错的销售业绩，产品一问世，就吸引了成千上万父母与幼儿园的关注，甚至保险公司还通过商超和电商网站大批购买，旨在把智能童鞋作为家庭保险业务的增值部分，赠送给相关客户。

由此可见，“智能防丢童鞋”的设计和深度融合，肯定经历了一系列的问题。但是只要满足用户的需要，真正地踩到需求点（场景化）上，用户自然会购买其产品。研究发现，在前几年，361° 存在产能过剩，业绩下降等问题，一个最根本的原因就是没有提供用户满意的产品，生产了一批同质化非常严重的产品。

究其原因，在传统模式下，企业的产品一旦售出，就不会与用户继续交互，核心在于缺乏高频次的接触点和足够的增值服务。对此，学者刘琪撰文指出：“新型的儿童防丢鞋除了可以定位孩子的位置，它还可以获取包括孩子的体重、孩子走路姿势的矫正、孩子健康的数据，通过一个有效的数字平台整合处理后，推荐给家长。这就相当于帮家长建立了一个关于孩子成长和健康的数字档案，这就建立了一个高频的接触点，而且可以提供更具有商业想象空间的增值点，其价值已经远超仅是售卖硬件产品的模式。”

不可否认的是，在互联网技术上，传统企业从零做起的时间与成本不可估量，而基于制造本身的多年积淀又是应对市场竞争的宝贵优势。因此，在互联网化道路上，最好的办法不是把自己变成一家纯互联网企业，而是找一个互联网合作伙伴。

因此，在挑选互联网合作伙伴作为跨界对象时，传统企业必须选择一个“靠谱”的平台合作方，其筛选标准有如下几点：一是不能局限于单纯的财务投资或流量合作，而要能够从技术、产品、营销、系统等多个层面，进行紧密的项目制运营合作；二是让平台方提供更高的自由连接度，让企业可以与用户进行更多的互动沟通，以及增值服务的提供；三是通过不断的产品迭代，将互联网平台所具有的思维方式与产品方法论，内化到传统运营模式的机体当中。

二、跨界切入智能制造转型

当跨界成为企业转型的一个选择方案后，互联网企业与传统企业都在向彼此的领域延伸，甚至出现交叉的格局。

当然，这样的跨界对于传统企业转型来说，其优势大于弊端。不仅贴近当下用户的使用习惯，同时还为传统企业迫切互联网化提供了动力。

从上述案例中的361° 做儿童智能防丢鞋取得的不错业绩就可以看出，未来的传统企业的跨界融合将越来越紧密，甚至其规模更加庞大。

为此，工信部产业政策司司长冯飞断言："这一结合的突破口就是智能制造。智能制造的好处体现在四个方面：一是个性化定制，能够使规模经济和个性化的产品与服务有效结合，同时适应消费结构升级的新特征；二是可以通过系统优化来提高制造业的运行效率、降低经营成本；三是促进新业态、新模式的形成，特别是制造业服务化的趋势会越发明显；四是提高资源和能源的利用效率。"

在冯飞看来，传统企业跨界转型的突破口，关键在于智能制造，即信息化和工业化深度的融合。究其原因，工业是转变经济发展方式的主战场，历来都是创新最为集中最为活跃的领域。要把融合发展作为产业结构调整的重要突破口，发展新一代信息技术产业，促进信息技术与制造业深度融合，并最终形成现代产业体系。

对于传统企业跨界转型的前景，中国电子科技集团董事长熊群力展望说道："未来的制造业，一定不是现在的以大生产、大批量、大工程的形式来表现的制造业，而是以满足客户需求，甚至是创新客户需求来产生的新的制造形态。"

为此，传统企业如果能够抓住新一轮制造业和信息业的深度跨界融合契机，就可能在以往工业相对落后的情况下，挖掘出一大片属于自己的蓝海市场。

中国电子信息行业联合会副会长兼秘书长周子学在接受华夏时报记者采访坦言，互联网在前期主要是消费，到了互联网+则可能融合各个行业，产生不仅仅是消费，周子学说道："目前的互联网和电子商务结合成熟，但在生产领域还有很大空间，以后在生产、产出这个领域可能会有非常大的发展。这不仅仅是工业，可能也包括农业、医疗、服务业等。"

在周子学看来，互联网+的基础也在不断地夯实，且未来潜力巨大。

以具体行业来看，目前互联网＋卷入的行业涉及三个方面：第一产业以农业电商为代表；第二产业则以工业 4.0 为代表；第三产业则呈现 O2O 遍地开花的情景。

周子学研究发现，未来互联网＋的发展趋势会是硬件所创造的价值在软件中体现、网络连接使价值从产品走向云，商业模式从产品转向服务。周子学坦言："互联网＋传统产业，我们要避免只看到互联网不看到传统产业，互联网也需要靠传统的制造业、软件业去构建，所以硬件创造的价值在软件中体现，不是说硬件就没有用。"

第三节　营销转型：用户比客户重要

要想真正地实现成功转型，就必须弄清楚用户的真正需求，这样才能更好地满足用户的个性化需求，因为用户比客户更重要。

传统企业经营者如果不能突破传统的僵化思维，那么就很难在价值链上开刀，自然也不能动真格地转型。即使是海尔这样的巨型企业，也不例外。

2015 年 8 月 21 日，在"2015 中国 500 强企业高峰论坛"上，海尔轮值总裁周云杰告诫有意转型的中国传统企业经营者说道："海尔从过去制造产品的企业变成了一个创业孵化平台，也可以理解为投资驱动平台＋用户付薪平台。"

海尔做出这样的改变，是因为"（如果）没有互联网思维，（只是）形式互联网化了，信息化了，甚至和用户打通了，也不可能在本质上解决用户的问题"。只有解决用户需求问题，才能离用户越近，离对手越远。

一、没有用户，自然就没有客户

奇虎 360 董事长周鸿祎在公开场合告诫传统企业的经营者们说道："传统企业转型互联网，万不能引刀自宫。"

期间，周鸿祎介绍称，没有用户，也就没有客户。一旦用户少了，客户自然就没了。因此，作为传统企业经营者，只有建立用户的概念，才能适应互联网+服务的需要。周鸿祎指出，用户的特征有以下两个。

第一，用户经常使用企业的一个服务或者产品，但是不一定掏钱购买了该服务或产品。定期跟企业实现交互，其意见有助于改进服务或产品。

第二，只有持续地提供和完善服务或产品，用户才能成为客户，一旦用户成为客户，其忠诚度相对较高。

从用户的两个特征不难看出，用户与企业的连接频率更大。当传统企业真正地重视用户时，自然就有了海量的用户，后续的产品才能真正地满足用户的需求。因此，“用户至上”并不是一句空话。

周鸿祎坦言：“没有用户的概念怎么连接，用户不和企业连接，所有的连接、大数据等都是空谈，也无法建立企业的商业模式。”

在周鸿祎看来，只有“用户比客户重要”的营销转型，才能真正地贴近用户。在《传统企业转型互联网，万不能引刀自宫》一文中，周鸿祎举例说：

用户的价值为什么要高于客户，滴滴和快的的例子就可以说明。很多人因为不了解互联网的规律，刚开始时，都觉得这两个公司没有什么价值，为什么呢？

因为他们最早做的是打车生意，出租车公司会向滴滴付钱吗？打车的人会向它付钱吗？没有一个人是它的客户。但是它解决了两个问题：打车是不是刚需？打不到车是不是痛点？打车还是比较高频次的业务，解决了一部分用户的高频、刚需和痛点。

这些用户和出租车司机原来有连接吗？没有。但是现在和打车软件建立连接以后，有了这么多用户，你发现它再下一步往专车走，天下所有小租车公司，或者说有车愿意出租车的人，最后都会成为它的客户。其前提是因为它连接了很多用户，所以你去看互联网里很多模式，都是用户战胜客户的。所以我们为什么要从客户转成用户？道理很简单，因为你只有拥有的用户，你才能真正在用户的基础之上，你才能往后建立粉丝，有了粉丝用户的参与感和用户的社群才能做得起来。

在该文中，作为互联网大佬的周鸿祎给传统企业经营者提供了借鉴的思路，因为在互联网+时代，互联网+已经把服务重新定义了。基于此，服务用户自然比客户更重要。

互联网的真正的核心就是“连接”，越连接就意味着越透明，其平台的可信度越高，一旦突破某个临界点，其成本越低，产品和服务的价格随之越低，甚至还有可行的后续服务。

遗憾的是，在当前很多行业中，由于缺少“连接”，自然也就缺少互联网企业所倡导的“用户至上”。事实证明，越“连接”的行业，企业经营者们越愿意通过后续互联网+服务赚钱，自然也就越来越诚信；相反，越是不“连接”的行业，企业经营者们就越愿意通过一次性买卖赚钱。

当然，如果给海量的快消企业经营者谈用户思维下的免费+增值，无疑是缘木求鱼。尽管如此，我们不能简单地把传统企业就认定为不具有互联网公司的“用户思维”，在大连接之前，卖货仍然是主流的经营思维，这并不说明传统企业的经营者策略不需改变。因为在互联网+时代，用户思维已经成为传统企业提升竞争优势的一个重要节点。

二、用户思维比客户思维更有效

“用户思维”与“客户思维”，虽然只有一字之差，但内涵却有很大的不同。

用户思维，顾名思义，就是“站在用户的角度来思考问题”的思维，是指企业经营者在价值链的各个环节中始终坚持“以用户为中心”研发和生产产品。比如在互联网时代下余额宝的诞生、小米手机的生产研发等。

客户思维，是指企业经营者只愿意为购买产品或者服务的人研发和生产产品的思维，不关心客户的忠诚度和二次抑或是多次购买，只关心把产品销售给客户就可以的思维模式。比如传统银行业，长期以来，由于自身的特殊性，在设计产品和服务时，很少考虑人数众多的草根用户。

2013 年 6 月 13 日，余额宝正式上线，成为第一只互联网货币基金。在余额宝涉足金融业前，互联网金融并没有真正引起中国银行业足够的重视。但让中国银行业没有料到的是，余额宝竟会快速成为爆款，不断地刷新资金规模和用户数据。

数据显示，截至 2014 年 1 月 16 日，余额宝规模突破 2500 亿元，用户数达到 4900 万人。从 0 到 2500 亿元，余额宝只用了 200 多天，而这种增长呈不断地加速趋势。根据 2014 年 2 月 14 日的数据，余额宝资金规模突破 4000 亿元，用户数超过 6100 万人。截至 2014 年 6 月 18 日，余额宝的用户规模已突破 1 亿。

凭借余额宝的迅速发展，天弘基金也因此"盆丰钵满"，以高达 5537 亿元的"身价"弯道超车于昔日基金老大华夏。为此，余额宝的火爆，让诸多企业都想从中分得一杯羹，甚至争相启动"宝宝"计划——试水在线理财。

这样的变化说明，曾经被小觑的余额宝已经改变了世界，同时也变革着中国人的个人存款行为。事实上，对于没有多少存款积累的年轻人来说，理财无疑是陌生的。但是随着余额宝等"宝宝"类互联网理财产品的诞生，理财便成了中国网民的全民行为。

比如，在北京工作的小李来说，其生活和工作都基本在互联网上，接受余额宝是一件很自然的事情，他也是第一批的余额宝用户。

小李的理由其实很简单，"主要还是图方便，而且没什么门槛，比较适合年轻人理财"。小李甚至将余额宝比喻为"懒人理财神器"，小李说道："现在每天睁开眼睛后第一件事情就是打开余额宝，查查收益。每天都能看到收益，心里就暗爽！轻轻松松就能赚钱，虽然只是一点点，但妈妈再也不用担心我不理财了。"

不仅是上班族，自主经营的生意人也很喜欢使用余额宝。与姐姐合开服装店的刘雯说道："余额宝灵活支取，短期内也能获得一定收益。"

从2014年初，刘雯开始使用余额宝，长期下来积累了不少收益。刘雯坦言，这笔钱曾存在银行时，利息少到可以忽略不计。刘雯的服装店每隔两个月就要采购一次商品，这期间的两个月，如果将货款存进银行，基本没有什么利息可以收取，但是存入余额宝，就可以获得不少的利息收入。

“余额宝”正是迎合了“用户思维”，“站在用户的角度来思考问题”，不断地创造无下限、超预期的服务体验，吸引越来越多的用户，给广大用户带来便利和利益。一旦拥有了用户，再通过广告、风险投资等其他手段达到生存和挣钱的目的。

与此同时，“余额宝”等“宝宝”规模的迅速壮大，让传统银行业感到前所未有的压力。

据央行发布的数据显示，2014年4月居民人民币存款减少1.23万亿元。这样的信号对长期处于金融垄断地位的商业银行来说，其问题已经相当严重。

长期以来，商业银行的思维中，小额散户根本不是其目标，甚至该群体根本入不了其法眼，即便提供理财产品，也是如此。然而，突如其来的“余额宝”等“宝宝”危机促使银行开始反省自己的战略。

中国银行业由于自身的行业特性，天然具有精英意识。这种意识体现在两个方面：第一，客户对银行的高度信任；第二，由于客户自身的功利目的，客户愿意臣服于银行的威权。

当余额宝的变化改变了他们曾经的行业垄断，中国人民大学金融与证券研究所所长吴晓求认为，余额宝是普惠型的财富管理，因为余额宝的出现，让每一个人哪怕只有几百块钱的人都可以进行理财，推动了金融产品改革，是一种创新和进步。

为此，面对来自外部竞争环境的加剧，中国银行业自身也在网上银行、手机银行、电子商务等各个领域做了非常多的探索。这样的变化意味着随着时代的进步和市场的开放，其高大上的强势色彩已经慢慢褪去，银行业也开始慢慢地学会了“以客户为中心”。

与传统银行业不同的是，互联网这种“拥有用户就拥有一切”“用户至上”的思维，银行业的“以客户为中心”的理念虽然在各自行业中有着相当重的分量，但实质上却泾渭分明：一个是“客户思维”；一个是“用户思维”。

互联网屡次能够血洗传统行业，凭借的就是“开放”“平等”，凭借的就是“用户至上”，因为互联网的繁荣正是建立在草根意识的基础上。比如余额宝，尽管把几元，几十元，几百元等小额资金放到余额宝，当用户数达到上亿后，其资金规模就能达到几亿，几十亿，甚至是几百亿元。

第一，信息平等。由于传统银行业长期致力于打造专业服务、有意地提高行业壁垒，甚至通过制造信息不对称不断巩固其信息优势，体现自身作为资金中介的价值，最大化地攫取生存空间。这就使得传统银行业通常是把产品做得较为复杂，甚至是越复杂越好，使得信息不对称。

由于互联网消除了信息不对称、去中介化，比如余额宝，经营者往往不需要把产品做得太复杂，只需要简单易操作，这样的产品更能吸引用户的参与。再比如，小米手机，直接把信息平等延伸到产品的设计研发环节，让用户直接参与，创造了史无前例的商业传奇。

第二，利益平等。余额宝之所以能够如此发展，是因为余额宝把本来就该属于客户的收益分给了客户。

与互联网金融开放不同的是，传统银行相对比较封闭。一般地，为了降低风险，往往在风控方面严加管理。传统银行业在账户管理方面，其特点是绝对排他性。在实现银联前，这样封闭自然给客户带来诸多的不便。反观余额宝，用户不仅可以提现，同时还可以获得与银行一样或者更多的利息收入。

第四节　组织转型：团队创客化

所谓团队创客化，是指一个企业中的两个或两个以上的员工组成的一个小团队，结合自身的兴趣与爱好，把各种创意商业化。

对于任何一个企业来说，在不同的时代下，其组织管理是迥然不同的。例如，在当下的互联网+时代，互联网不仅规避了传统商业社会对于资源的损耗和低效利用，同时也提升了传统企业在组织升级中的管理效率。因此，从传统的“科层制”到“扁平化组织”，组织结构的升级往往都是在做减法。

对此，学者孙景华在《开启消费者做主时代》一文中指出：“传统冗长拖沓的组织正在被压扁，与消费者距离越来越近甚至零距离，这是一个不争的事实。组织层级不断减少的同时，职位或岗位也在被调整或消失。”

在该文中，孙景华举例说：“2014 年，雷诺－日产 CEO 卡洛斯·戈恩取消了 COO 一职，卡洛斯·戈恩认为，扁平化的结构能够让效率更高。在现代企业中，COO 曾经是个很关键的职位，其最初的定位就是帮助 CEO 处理公司的内部事物，从而让 CEO 有更多的精力处理公司战略和外部事物。从目前的数据上看，这个职位已经不再重要了。《商业周刊》的报道称，2012 年只有 38% 的财富 500 强公司设有 COO 的职位，而 2000 年这个比例是 48%。最近几年，国内的公司如百度和 7 天酒店也取消了 COO 的职位。”

这样的趋势说明，只有把多余的层级去除掉，才能适应新时代的竞争态势。为此，一些传统企业积极地尝试变革——施行“团队创客化”，从而完成互联时代组织架构的升级转型。

一、海尔团队创客化

在媒体的报道中，作为中国领头羊的海尔集团，一直在不断地尝试转型。在转型过程中，海尔集团面对各种未来的不确定性因素，依然坚定地坚持转型，最终取得硕果累累的成绩。

早在 2005 年，海尔集团董事局主席、首席执行官张瑞敏提出“人单合一”的管理新思维，随后又启动了 1 000 天的流程再造，经过 10 多年的不懈努力，海尔集团已经发生了三个变化：

第一，海尔集团从一个传统企业转型成为互联网公司；

第二，过去提及海尔集团，第一印象是家电，而现在第一印象却是创客；

第三，海尔集团员工从过去的雇佣者变成了创业者，直接面对用户，实现自我创造价值。即每一个海尔或者非海尔员工都可以在海尔这个大平台上自主创业。

正是由于海尔集团的上述三个变化，才让海尔集团的创客群体如雨后春笋般地成长出来。回顾海尔集团的转型，海尔集团董事局主席、首席执行官张瑞敏有着自己的解读。

张瑞敏在中央党校发表演讲时谈道："坦率地讲，到现在为止，中国还没有自己的管理思想，没有自己的管理模式。现有的管理模式都不适应互联网时代的要求，所以海尔要探索一种新的管理模式。"

2014 年 8 月 23 日下午，张瑞敏在中欧国际工商学院 20 周年校庆"大师课堂"系列活动上，做了题为《互联网时代的管理模式创新探索》的演讲，详解海尔集团在互联网时代管理模式创新探索的缘起、做法和现状。

在该演讲中，张瑞敏坦言——为什么用"互联网时代的管理模式创新探索"这个题目？因为过去我们中国企业基本上属于追赶型：改革开放初期学习日本的全面质量管理（TQM），后来学习美国的六西格玛，然后是所有欧美先进的管理模式。尽管到今天为止，可能中国还没有自己的管理思想和管理模式，但是在互联网时代，传统的管理模式都不奏效了，现在必须去打造新的管理模式。这既是机遇，也是挑战。

与很多传统企业经营者一样，海尔集团如何转型成为横亘在张瑞敏面前的一道难题。在张瑞敏看来，"为什么要做互联网时代管理模式的探索？因为没有成功的企业、只有时代的企业，每个企业的成功都是时代的产物。如果你不能跟上时代，就会被时代淘汰。处在互联网时代，就只能跟上互联网时代。在传统经济时代所有成功的做法，今天可能都不适用了，所以只能是按照互联网时代的精神和现实来做，必须改变自己"。

在什么样的时代，就会成就能够适应时代的企业。1985 年，张瑞敏果敢地用大锤砸掉了76台不合格的、刚刚生产的冰箱。这一铁锤唤醒了海尔全体员工的质量管理意识。在30年后，张瑞敏再一次拿出当年大锤砸冰箱的勇气，带领海尔开始了转型征程。

在该演讲中，张瑞敏介绍说道："在海尔的字典里，没有'成功'这两个字。其实，所有企业的成功都只不过是踏上了时代的节拍，踏准了就成功了，正所谓'台风来了猪都会飞'。所以，有的人成功了，自己都不知道为什么成功。但是，我们是人，不是神，不可能永远踏准时代的节拍，就像冲浪能永远冲在最高峰吗？不可能。所以，问题就变成如何才能真正赶上这个时代的节拍。那些百年企业是如何做到'基业长青'的？我认为，百年企业就是通过'自杀'重生——你不能'自杀'，就会被'他杀'，被时代所'杀'。"

对于当下的传统企业来说，积极转型可能带来新的发展机遇，否则就会被竞争者所取代。张瑞敏为此告诫传统企业经营者说："只能我们去适应时代，时代不可能适应我们。现在最有说服力的案例就是手机：一开始摩托罗拉是老大，很快诺基亚超越它，后来苹果又超越诺基亚。为什么？时代使然。摩托罗拉是模拟时代的代表，诺基亚则是数码时代的代表，摩托罗拉的被超越在本质上是被数码时代淘汰了，而诺基亚则被互联网时代淘汰了。总之，时代发展太快，谁也抗拒不了时代的发展，只能去顺应它。"

张瑞敏认为，每个企业的成功都是时代的产物，如果不能跟上时代，就会被时代淘汰。如同古希腊哲学家赫拉克利特所言："人不可能两次踏入同一条河流。"原因是，流过脚边的河水已经冲走，既然是冲走的，自然不是原来的水，而是从上游流下来的新水。对于传统企业也是如此，一旦时代改变，即使是今天最成功的赢利模式，在明天也许就不合适了，无疑会遇到重大问题。因此，面对当下滚滚洪流的互联网化，传统企业如何踏准组织转型的节拍就尤为重要。

在该演讲中，张瑞敏介绍说："互联网时代颠覆了传统时代的一些理论，尤其是奠定了现代企业管理的基础理论的分工理论。1776年，亚当·斯密在其出版的《国富论》的第一章即以'论分工'为题。斯密举了一个经典例子：一个工人没有受过制针培训，且不熟悉制针使用的机器，无论如何努力，也许他一天也制造不出一枚针。但是，如果把制针分为抽丝、拉直、切断、削尖、磨光、安针头等大约十八道不同工序，每道工序由不同的工人操作，则会极大地提高劳动生产率，每个工人平均一天能做几千根针。”

在传统企业的互联网化时代，互联网对传统企业的发展影响深远，甚至颠覆弗雷德里克·泰勒、马克斯·韦伯、亨利·法约尔三位先驱的理论。张瑞敏介绍说：“现代企业管理理论体系有三位先驱：弗雷德里克·泰勒基于动作研究的‘科学管理’；德国人马克斯·韦伯的科层制或他自己所说的官僚制，也即今天常见的金字塔式组织结构；法国人亨利·法约尔提出的关于组织内部的一般管理理论——认为管理有计划、组织、指挥、协调和控制五大管理职能，以及五大职能要不断再平衡，实质是让五大管理职能不断增减。”

张瑞敏认为，互联网时代颠覆了传统组织管理的理由有如下三个。

首先，互联网带来了零距离。彼得·德鲁克有句话说，互联网带来了零距离，这是它最大的影响。零距离首先意味着泰勒的科学管理不灵了。为什么？零距离要求从以企业为中心转变为以用户为中心，用户的需求都是个性化的。泰勒的科学管理是大规模制造，现在则要从大规模制造变成大规模定制。

其次，去中心化，没有领导。谁是员工的领导？不是他的上级，而是用户，员工和用户之间要直接对话。这就把马克斯·韦伯的科层制颠覆了。为什么美国汽车商没有竞争过丰田？因为美国汽车制造商有14个层级，而丰田要少得多。现在，互联网时代的企业应该是没有什么层级。

再次，分布式。所有资源不是在内部，而是在全球，这就颠覆了法约尔的一般管理理论。为什么一定要在内部来做？为什么不可以吸引全球的资源？加拿大人唐·泰普斯科特和英国人安东尼·威廉姆斯撰写的《维基经济学》有句话说得好，“全球就是你的研发部”。

在互联网时代下，海尔集团在组织转型中做出了哪些变革，张瑞敏总结为“三化”：企业平台化、员工创客化、用户个性化。

第一，企业平台化是大势所趋，必须这么做。钱德勒在《规模和范围》中分析道，美国、德国、英国是当时世界上工业三强，它们为什么强，因为有很多的大企业，寡头在控制，通过规模效应和范围经济使得别人没法进来。这是工业资本主义时代的原动力，现在互联网时代原动力是什么？平台。

所有企业如果不是做平台，做大有多大作用？零售业，很大的连锁店，一个电商起来就把你冲垮了；工业也是一样，今天做得挺大，但是明天就很难说，3D 打印起来之后，我们会怎么样？也许我们不行。总而言之，如果不做平台，肯定不行。平台就是生态圈，如果说平台是自演进，那永远没有边界。简单地说，企业平台化就是使企业一下子让全球的资源都可以为你利用。海尔有句话，“世界是你的人力资源部”。太阳计算机系统公司联合创始人比尔·乔伊质疑科斯定理：“大部分聪明的人实际上都在为他人工作。”想一想，怎么可能把全世界最聪明的人都弄到你的公司？但是，如果我是一个平台，就可以整合全球最聪明的人来服务，当然前提是有用户。

第二，员工创客化。这个创客是什么？按照克里斯·安德森写的那本《创客》所说的，创客就是个性化和数字化的结合。过去，想创造一个东西非常难，但是现在利用互联网，都可以创造。现在有这个条件了，所以要让员工都可以去成为创客。

正是海尔集团董事局主席、首席执行官张瑞敏的转型探索，才有成百上千的创客案例。在这些案例中，既有海尔集团内部员工的，也有外来的创客。

作为外来创客的马钢，就是其中一个代表。资料显示，马钢拥有通信行业的工作经验。2014 年 8 月，海尔集团广发英雄帖，向全世界招聘智慧烤箱项目 CEO。

经过多轮竞争，马钢最终赢得该职位。2014 年 9 月，马钢加入了海尔的创业平台。在智慧烤箱项目中，海尔集团作为天使投资方，前期投入

182 万元，马钢和其他创客投入 90 万元（马钢投入了 45 万元），注册了北京小焙科技有限公司。

2015 年 1 月 14 日，北京小焙科技有限公司开始正式运行。马钢开足马力，他坦言，尽管压力很大，但是动力也很足："我们憋足劲要做出真正的差异化产品。"

为了做好这个项目，马钢及其团队对需求做了大量调研。通过调研发现，他们把智慧烤箱的市场定位在对各类美食高黏度需求人群上。

马钢及其团队通过整合全球资源，创新性地设计出"嫩烤箱"，即在烘焙食物时，烤箱能最大限度地锁住汁水，使得烤熟的食物鲜嫩可口。

不仅如此，马钢及其团队在此基础上又推出了手机 APP 功能，鼓励专业烘焙者上传菜谱，马钢介绍："现在已经有一千多个菜谱，用户只需一键点击，烤箱就可以按照菜谱设置来烘焙。"

2015 年 4 月，马钢及其团队设计的拥有独特烘焙效果和"网络智慧"的烤箱问世后，赢得了投资公司的深度关注。

在京东众筹平台上，马钢及其团队在短短几天内就众筹了 172 万元，其他投资公司也表示了投资意向。

2015 年 8 月，马钢及其团队研发的智慧烤箱估值 7000 万元，引进风险投资 4000 万元。这样的资金投入使得北京小焙科技由此进入了高速发展阶段。

在海尔集团的创客平台上，马钢这样的案例举不胜举。在这里，我们来分享另外一个案例。杨铁男同样通过海尔创客平台创出了自己的事业。

公开资料显示，杨铁男曾经是海尔的员工。2014 年，杨铁男与其他几个海尔集团员工一起创建了有住网。

杨铁男坦言："一开始我们想吸引风投，但风投不感兴趣，我们便拿出了自己的钱，有的还把房产抵押出去了，对我们来说就是背水一战。"

2014 年 8 月 20 日，杨铁男及其团队推出了第一款互联网家装产品——

百变加初始版本 v1.0。该产品通过预约付款方式，价格是每平方米 599 元。

在快装行业迎来春天的时刻，杨铁男及其团队推出全新的互联网预定的标准化硬装方案，引来无数用户的关注，但是真正付款的用户开始却很少。

为此，杨铁男焦急不安地度过了 40 多天。在这段时间里，杨铁男却遭遇“人肉搜索”，强大的网络用户把杨铁男在海尔就职时的工牌都搜了出来。

“祸兮福所倚，福兮祸所伏”。经过这次人肉搜索，“海尔曾经的员工”和“海尔平台创客”这两个身份，反倒帮杨铁男赢得了首批付款客户的信任。

2015 年 7 月 19 日，百变加 v1.3 开放预约，这次预约的限额从 2000 人提高到 3000 人，短短一个多小时，名额就预约完了。

在用户的强烈要求下，杨铁男及其团队又在隔日开放了 500 个预约名额，短短几分钟，名额又被一抢而空……

如今的有住网已经布局全国了，在 20 多个城市拥有近万名预约用户，几十万活跃用户。不仅如此，有住网还赢得 1 亿元的 A 轮融资。

经济日报记者刘成撰文指出：“海尔创客平台孵化出的互联网家装平台有住网不仅成为业内翘楚，也成为互联网家装行业争相模仿的对象。”

像马钢、杨铁男这种“去海尔化”的创客团队还有很多。如海尔产业金融小微。公开资料显示，金融小微的创始成员由知名咨询公司、投资银行，以及互联网创业企业组成。

在金融小微，海尔产业金融食品农业金融小微主是邱兴玉，其团队在短短 15 个月将业务量突破了 10 亿元。2015 年上半年，邱兴玉以及团队分享了 340 万元利润。

邱兴玉坦言：“虽然我们做的业务和海尔传统业务截然不同，但我们同样把海尔那种先进的管理思想和商业模式理念体现在产业金融解决方案当中。”

邱兴玉通过鸡蛋为例子介绍了他们的业务：目前中国养殖业的特点是高度离散，食品安全难以保证，价格还经常波动。

面对这样的问题，邱兴玉及其团队打造了以研发平台、交互平台为核心，以产品为纽带的共创共享平台。

该研发平台包括饲料、疫苗、信息系统、养殖设备等，尽可能从源头上解决食品安全的难题，给养殖户提供个性化的服务。

公开的统计数据显示，目前，海尔平台已有3800多个节点小微，除了免清洗洗衣机、雷神笔记本、馨厨冰箱等从传统产业孵化出的小微企业之外，2015年海尔平台又孕育出了有住网、蛋业生态、极车公社、快递柜、社区洗等很多新项目。这些项目中有些海尔集团占大股，有些海尔集团只占小股。

第三，用户个性化。现在的用户需求千差万别，随时在变，怎么去捕捉它呢？而且，进入到移动时代，就如美国人查克·马丁写的《决胜移动终端》里所说的：他们是“在购物”（always are shopping），不是“去购物”（go shopping），所以企业只能不断和他们交互，交互不好马上就会被打倒，因为移动购物时的每一个感受都可以马上成为全球的实时新闻直播。有很多企业垮在这上面，一个不满意发到网上去，马上就被冲垮。当然话说回来了，如果他们非常满意，那也不得了。因此，用户个性化已经和过去不是一个概念了。

张瑞敏告诫中国传统企业的经营者说：“总之，如果还想抱着原来那套不放，是肯定不可能的，时代使你必须要改变。”

在张瑞敏看来：“现在是互联网时代，你为什么要听上级的？上级不是用户，上级不是市场，所以我们就改革这个。我觉得这个，不管到哪，人是目的，不是工具，这是非常关键的，这个也是我们在做互联网时代转型的时候的一个基本准则，如果离开了这一条，你怎么做，可能都不一定做出来。”

二、Kakao“4+2”的创客模式

在东亚文化中，特别是以中国文化为代表的等级制度不仅影响企业管理，同时还影响企业的升级和变革。

受中国文化影响较深的韩国，这样森严的等级文化依然影响到企业的经营管理。然而，Kakao 却打破了这个传统，践行创客模式。

Kakao 是韩国一个知名移动互联网公司，主打产品是移动聊天工具 Kakao Talk。Kakao Talk 是一款来自韩国的由中国腾讯担任第二大股东的免费聊天软件，类似于中国的 QQ、微信，可供 iPhone、Android、WP、黑莓等智能手机之间通讯的应用程序。KaKao 总注册用户数 6200 万，每日信息发送数量是韩国三大运营商短信总数的三倍。在韩国智能手机 55% 的市场渗透率中，95% 是 KaKao 的用户。

在创业之初，Kakao Talk 只是由 4 个人开发出来的一款非常简单的应用而已，但是却蕴含了革新的创客模式。

在 Kakao，没有设置中高层干部，也没有社长、部长、次长之类的等级职务，只有三个层级：CEO、部长（职能部门负责人或项目组组长）、组员。

尽管 Kakao 目前拥有 600 多名员工，但是部长和组员之间几乎没有实际上的层级区别。上至董事长、CEO，下至普通一线员工，互相之间都直接呼对方的英文名，从不以职务相称。不仅如此，员工经常在两个层级之间发生位置变换。一旦组建一个新的创新项目，曾经在上一个创新项目中担任部长一职的员工甚至因为其所拥有的技术特征，在新创新项目组中成为组员，提出创新项目的普通员工则可能成为此次团队的组长。

众所周知，受中国文化影响的亚洲传统企业，极度忌讳越级上报。不过，Kakao 的员工们却把越级上报变成了一种常态。只要有新的创新项目，任何一个员工都可以直接向 CEO 层级的领导者陈述自己的创新项目。一旦创新项目被 CEO 层级的领导者采纳，那么该员工就会成为该项目的带队组

长。Kakao 这样的激励手段极大地激发了员工的创新热情。

在精神激励的同时，薪水的驱动自然是少不了的。2015 年 7 月 14 日，据韩国招聘求职门户网站“saramin”公开的数据资料显示，2014 年销售额排名前 30 的风险企业中，Daum Kakao 员工的年薪最高，平均为 1.75 亿韩元（约合人民币 95 万元）。

可能有人会问，Kakao 没有等级制度，那么以什么样的标准来衡量 Kakao 员工的个人薪资呢？

答案是，Kakao 凭借“4+2”创客模式。所谓“4+2”是指每一个创新产品小组由 4 人组成，其中包含一个产品经理、两个程序员和一个设计师。这 4 个组员会密集地专注创新项目的开发，一旦创新项目在两个月后没有明显的成效，那么该小组就会立即舍弃，更换下一个创新项目。

这样的做法是一个典型的快速迭代的团队模式，每一位员工都是小团体中的一员。每一个小团体做工作无疑非常简单，即在 Kakao Talk 母体上，研发更多的创新型产品。

由 4 人组成的小团队，加上两个月的试错期，极大地提高了 Kakao 在各种创新产品试错上的效率。这样轻量级的研发团队模式反映到产品上，不太可能过于复杂，也不能超过 4 个人和两个月的承载量。其团队模式让过去存在于团队中的各种利益纠葛，被简化到了最低。

在互联网时代，任何产品的风格都崇尚极简主义，这也是移动互联网时代用户最追崇的产品体验。Kakao 在降低团队小组冗余的同时，也降低了创新产品的冗余。当然，这主要源于 Kakao 内部，一旦“4+2”小组成为 Kakao 的一个创业团体，便是一荣俱荣，一损俱损。

对于这样的做法，Kakao 联合创始人李帝范就坦言：“Kakao 骨子里透着真正的创业精神。员工能够对新项目迅速做出行动和反馈。如果失败了，小组会修改战略再次挑战，这是 Kakao 的经营文化。在有着多种机会和危险因素的情况下，与筹划蓝图相比，这种运行方式的成功率更高。”

第五节 管理转型：扁平化的管理体系

在上述Kakao案例中，Kakao就是凭借若干个“4+2”小组，解决了没有哪个部门是最核心的问题。简言之，就是去中心化。在互联网这个信息大爆炸的时代，传统企业的旧思维正在被互联网“炸掉”，企业不再凭借繁冗、庞大的组织规模，而是依靠极简主义的、扁平化的企业组织构架完成企业的繁衍和生长。

正因为如此，扁平化的企业管理模式备受企业家们推崇。学者乐言高度评价了扁平化的管理模式：“在传统企业中，这种勇气将面临更多的阻力，尤其是想要稳步成功获得高层位置的中层来说。扁平化的组织结构能够确保公司一直在年轻态中冲锋向前。”

在传统企业转型的过程中，企业必然面临扁平化管理，一旦还坚守过去的僵化管理体制，必然会遭遇转型困难，甚至是功败垂成。

一、企业变扁，中间管理层就得去掉

在当下，很多传统企业经营者固执地认为，继续沿袭欧美的管理模式就可以让企业基业长青和永续经营，这样的观点断然是有失偏颇的。主要是，在互联网+时代，情感化的管理模式更受新时代80后、90后员工的青睐，因为在80后、90后员工看来，个性化的管理模式比僵化的管理体制更能发挥其创造力。

面对这样的浪潮，独立新媒创始人申音认为，互联网思维的核心在于“思维”而非“互联网”，开放、平等、协作、共享、去中心，这些是互联网的核心精神。互联网思维不是做加法，不是说传统企业建个网站，做个App什么的。而是做减法，减掉面向终端用户的不必要的环节，减掉不必要的资源消耗，减掉一切与最终用户直接沟通的障碍，减掉层层加价的中

间渠道，减掉组织多余的架构层级。因此，这样的思潮出现在很多企业家论坛上。

不过，一个让传统企业家正在探寻的问题是，作为转型中的传统企业，如何在互联网+时代进行组织变革？一些传统企业的经营者延续了欧美惯性的末位淘汰制思维，其理由是，组织变革或淘汰裁员时，底层或业绩最差的员工应该被最先淘汰。不可否认的是，当下的很多企业家都这样做，不过，张瑞敏却不这么认为。

显然，在组织变革上，海尔集团最有发言权，海尔集团通过“去中间管理层”的方式进行企业变革，着实有些出人意料。

面对互联网时代的组织变革，海尔曾大刀阔斧地裁掉了1万名中层管理者，去掉的主要是中间层。张瑞敏为此解释说：“现在有互联网了，所有的信息都可以上传到网上，企业变扁了，很多中间管理层也都要去掉。”

在张瑞敏看来，裁掉了1万名中层管理者不是为了降低成本，而是为了积极地拥抱互联网，向互联网转型。

那么海尔集团为什么去掉中间层，而不采用末位淘汰制呢？张瑞敏有着自己的理解，对于组织结构的调整，张瑞敏形象地比喻“外去中间商，内去隔热墙”，这里的隔热墙就是指海尔的中层管理者。

近年来，海尔一直在推进转型和组织变革，海尔的组织结构因此也进行了大范围调整。拥有8万多名员工的海尔变成了2000多个自主经营体。在海尔的企业管理上，主要推进“人单合一”的管理模式，即人是员工，单是用户资源，其意思是把海尔集团的每个员工及其用户资源连在一起。

在组织结构上，为了适应互联网时代的管理模式，海尔集团则试图打造一个倒金字塔的组织结构。一般地，传统企业的组织结构都是金字塔式，在最底层，通常都是一线员工和基层干部，在金字塔的中上端，通常为各层级领导。

在组织机构升级中，海尔集团则把传统的金字塔式的组织结构颠倒，各层级领导为员工服务，实行组织结构扁平化，海尔集团通过减少行政管理层次，裁减冗余人员，更方便快捷地服务于消费者。因此，像海尔集团这样一个传统工业组织而言，在互联网时代，实行组织结构扁平化和组织变革，往往去掉的就是中间层。

二、小米革新三级管理体系

在非制造业组织中，一般的互联网组织架构，基本上分为三级。如北京小米科技有限责任公司（以下简称小米），其组织架构仅仅包括了合伙创始人、部门、员工三级，把多余的层级去掉。

在小米的三级组织架构中，排在第一级的是合伙创始人，分别有个主管，通常管理着七八个小组，之后就是普通员工。

在小米，不管其员工在其他企业就职时的职务是总监，还是经理，工程师的级别都是一样的，只要业务能力优秀就会加薪，但是没有晋升的余地。小米的这种做法就是把管理异常扁平化了，职能也拆得很细。这无疑对合伙人的管理能力和综合复制提出了相应的、更高的要求。不过，小米不会让团队过大，稍微大一点的团队，就会拆分成几个小的团队。

小米办公室的布局就是为了适应这样的组织结构：一层产品、一层营销、一层硬件、一层电商，每一层由一名创始人负责，其目的是增强各自团队的执行力。

在管理模式上，小米的做法相对另类：没有其他企业常设的打卡制度，去掉了管理层，甚至还去KPI[①]化……当然，正是组织结构升级成就了小米今日的成功。在小米，除了七个创始人有明确职位外，其他人一律都没有明确职位，唯一的奖励手段就是涨薪。

小米这样的管理模式意味着组织必须更贴近用户，既不是传统的从上往下，也不是平行关系。以前的工程师常常都是闭门造车，而小米要求工程师必须积极地与用户沟通。

---

①“Key Performance Indicator”的简称，关键绩效指标。

在这样的管理模式中，小米把管理员工的权力从高阶管理层上转移到了用户身上，让小米的各个事业部紧紧地盯住用户的各种需求，专心设计和生产并且做好小米产品，实现更好的用户体验。

对此，中欧国际工商学院创业学教授李善友坦言：“真正的互联网思维就是要把用户当成互联网的中心，中间商将越来越少，这将让商业模式和销售渠道产生变化。互联网思维之一，中间成本为零，利润递延；互联网思维之二，功能成为必需，情感成为强需；互联网思维模式之三，个人异端化，组织社群化。”

第六节　资本转型：从银行转向众筹

在很多论坛上，一些企业家总是在哭诉自己遭遇银行不贷款，融资成本大，一大堆的融资困难横亘在他们面前。

的确，这只是一部分企业家的融资困境，但是随着互联网+金融时代的来临，这部分企业家的融资瓶颈开始被突破。这就意味着，越来越多的传统企业，不仅可以融到更多的资金，其渠道也相对宽泛。因此，当传统企业遭遇融资困难时，也可以打破僵化的融资思维，转变资本的融资方式和渠道，如采取股权众筹、项目众筹等。

在这里，主要介绍股权众筹。所谓股权众筹，是指公司出让一定比例的股份，面向普通投资者，投资者通过出资入股公司，获得未来收益。这种基于互联网渠道而进行融资的模式被称作股权众筹。

从股权众筹的定义可以看出，股权众筹是建立在明确以项目股权作为回报的基础之上的，是一种众筹的方式而已，其本质还是民间融资。只不过，由于互联网技术的深度拓展，使得融资渠道更加广阔，融资的对象也更加众多。

一、华人天地开启股权众筹新时代

在传统企业的转型中，不仅战略方向需要转型，其融资模式也同样需要转型。2015 年，互联网金融在互联网 + 浪潮中风生水起，这样的势头即使在新三板企业中亦不甘寂寞，都想尝鲜一试身手。

2015 年 2 月，作为首例新三板股权众筹案例的华人天地，公开了一份募资总额为 2760 万元的增发方案，立即引发媒体和企业界的广泛关注。

华人天地创建于 2008 年 2 月，是一个集影视策划、拍摄、演员经纪、后期音频、视频制作、专业 3D 特效制作等为一体的文化制作企业。

华人天地此次通过众筹模式募集资金，并且设有回购条款作为保证。媒体和业内人士将其解读为，华人天地通过众筹模式参与新三板的增发，这本身就是一次较大的创新。其理由是，众筹模式相比公募、私募等产品的发行，更有其较强的灵活性。

在华人天地董事会秘书卫荃胜看来，定增中涉及众筹的含义与社会公众普遍理解的众筹含义存在区别。华人天地的众筹模式不是传统的众筹模式，是符合中国国情的本土化改良版。

此次众筹模式设立了项目制，旨在增加企业的透明度，同时华人天地通过设置回购条款，确保投资者的投资安全性。尽管创新中存在信息不对称等相关风险，但是此次华人天地的众筹模式的创新意义更大，其创新的众筹模式实践必然被更多的新三板企业复制效仿。

为此，华人天地项目主投方——国富金源执行事务合伙人委派代表、众投邦网站 CEO 朱鹏炜非常看好此次定增创新众筹模式，他认为，华人天地首次在新三板定增中引入众筹模式，是一次伟大的尝试。

据朱鹏炜介绍，创建众投邦，将其定位为新三板股权众筹平台。此平台为那些个人投资者，特别是对高净值的投资人群投资新三板提供了方便。不仅如此，此平台还设立众筹项目合伙企业参与定增，更加透明和公开。

朱鹏炜直言，由于新三板的个人投资门槛相对较高，其起始投资额就需500万元，使得很多小客户无法参与其中。

基于此，众筹模式就可以打破这个瓶颈，由于没有高门槛和人数限制，同时项目的收益率作为最低保障，随着企业的持续发展，收益率上不封顶，甚至还有额外的投资回报，投资者实现了自己与企业互享资源，互惠互利。

2015年2月11日，华人天地发布股票发行方案，计划以每股12元的价格向张津、张纪中、深圳市众投一邦有限公司、深圳市文投国富投资企业（有限合伙）4名投资者定向发行股份。

据华人天地公开的数据显示，华人天地此次股票发行，旨在引入战略投资者、扩大华人天地的公司规模、补充公司流动资金。华人天地此次股票的发行数量不超过230万股（含230万股），募集资金总额不超过2760万元（含2760万元）。

业内人士分析认为，此次众筹模式与一般的新三板定向增发不同，拥有两个创新点：第一，引入众筹模式，众投一邦实质是为参与华人天地股权融资而设立的众筹项目制企业；第二，众投一邦的资金来源于网络众筹平台。

据媒体报道显示，2014年，华人天地通过众筹平台（众投邦网站）进行股权融资，赢得投资者的认可，仅仅3个月，十多名投资者参与投资就完成首轮融资。

当华人天地股票发行完成后，其资产负债率将下降，财务结构更趋稳健，募集的资金更有利于缓解华人天地流动资金的压力，提高速动比率，降低财务费用，增加华人天地的综合竞争能力，促进了华人天地后续的发展。

根据华人天地2014年半年度的报告数据显示，其经营收入比上年同期下降72.68%；净利润较上年同期增加90.29%；资产总额比上年度末增长24.69%；然而，现金净流量比上年同期降低165.01%，其中经营活动现金净流量降低85.22%。

值得注意的是，与国际上众筹的做法不同的是，华人天地此次增发方案设置了回购条款，力保众筹投资者的收益，收益率达50%。

华人天地在发行方案中承诺：公司目前在册股东承诺，本次发行后，公司2015年度扣除非经常性损益的税后利润将不低于2500万元。如未能实现上述经营业绩，由公司控股股东张津以每股人民币18元价格，现金回购本次对张纪中、众投一邦、文投国富投资发行的股份，其他在册股东承担连带清偿责任。

华人天地之所以能够快速融资成功，一方面源于其朝阳产业，另外一方面，互联网金融本身是一个新兴行业，股权众筹的市场潜力足够大，甚至把线下的传统投融资嫁接到线上投融资，可谓是企业融资的一次革命。

二、股权众筹突破企业融资困难瓶颈

在今天的互联网+金融时代，融资难、融资成本高已经成为过去，传统的融资坚冰正在被融化。股权众筹越来越规范化和大众化，作为新型的融资方式及投资渠道，股权众筹正被越来越多的人所认识和接受。

2015年2月，联合光伏在众筹网发起建立全球最大的太阳能电站的众筹项目，该项目就是一个非常典型的股权众筹模式。

在该项目众筹中，每份筹资金额为10万元，每个用户只能购买一份，所有众筹者都将会成为此次项目的股东。

当此众筹项目公开后不久就超额完成了预定众筹金额，总计筹资金额达到1000万元。

联合光伏这个项目，无论是从规模上还是从具体实施上都给整个众筹行业起到了示范作用。的确，在互联网+金融的当下，把“人才+项目+资本”这三驾马车整合起来，其融资就相对简单很多。在互联网+金融时代，尽管一些传统企业在众筹中仍然面临“找项目难、找钱更难”，但是当2015年7月央行等十部委发布《关于促进互联网金融健康发展的指导意见》后，众筹已经开始走入寻常百姓家。

在动画电影《西游记之大圣归来》的火爆银幕上，片尾的字幕里滚动着100余位投资者的名字。毫不夸张地说，2015年的夏天，股权众筹的火爆，催生了电影的巨额资本来源。

《西游记之大圣归来》的融资成功，令众筹这一汇聚草根创业梦想的互联网融资方式再次引发关注。之所以获得关注，是因为投入780万元，获利近三倍。

据媒体报道，动画电影《西游记之大圣归来》火爆登场，其票房一路飘红。据出品人路伟介绍，《西游记之大圣归来》众筹合计投入780万元，届时预计可以获得本息约3000万元。

在股权众筹项目《西游记之大圣归来》中，尽管没有相应回报的披露，但是极大地燃起了投资者的天使投资梦。除了影视产业外，创业领域的众筹也非常火爆。以天使汇网站上一个以软硬件设备结合互联网的环境音乐电台创业项目“Lava Radio”为例，在众筹平台上线仅仅14天，就募得335万元的资金，比预定融资目标250万元超出34%。

根据盈灿咨询公开的相关数据显示，2015年上半年，中国众筹平台总数达211家，成功募集资金46.66亿元。目前，中国众筹项目按回报方式分为股权众筹、奖励众筹、债权众筹和公益众筹四种。

在蝌蚪众筹联合创始人艾海青看来，目前，大多数的众筹项目都是通过类似“会员制”的方式募集资金的。如蝌蚪众筹，该平台大约有150个投资人，采取“邀请制”的方式，由于要求具有一定的投资经验和相应的资产门槛，其圈子相对较小，自然较为封闭。

深圳股权众筹平台大家投CEO李群林说道：“大家投平台5月上线的一部电视剧项目已完成众筹融资，电视剧总投资6600万元，众筹融资600万元，约占总投资的9%，一个月左右时间有领投和跟投共60余人参与项目融资。”

股权众筹将成为多层次资本市场的重要补充和金融创新的重要领域。为此，中国人民大学法学院副院长杨东坦言：“股权众筹可以通过互联网发行无疑打破了高门槛限制，人人都能当股东的股权众筹小额公开发行时代将马上到来。”

第七节 服务转型：让用户积极参与

在传统企业的转型战略中，传统企业经营者不仅需要贴近顾客，同时还必须打破传统的僵化服务模式，用户不再需要传统的服务，而是更愿意得到除功能之外的尊重和参与。

基于此，传统企业的服务落地比空喊几个“顾客至上”的口号要强很多。在传统企业的运营中，“以顾客为中心”的经营思想早已广泛地被企业所接受。

在沃尔玛购物商场，顾客们总会被墙上显眼的顾客服务原则所吸引。沃尔玛顾客服务原则：“第一条，顾客永远是对的。第二条，如果对此有疑义，请参照第一条执行。”

面对沃尔玛的服务原则，顾客总会感觉到上帝的感觉，感叹沃尔玛成为全球最大的零售商，原来就是把“顾客当作上帝”。

顾客至上，这是从古至今经商的根本。不论什么时代，不论什么领域，如果不尊重顾客，经营就不可能持续。对于长寿企业来说更是奉为信条。在上百年的经营过程中，这个思想已深入骨髓，甚至已成为无意识的习惯。他们每时每刻都在反反复复努力实践着这一真理。

随着商业社会的进一步发展和成熟，顾客几乎成为经营成败的代言词。客户至上，是长寿企业的法则之一。但是，很多企业对“以顾客为中心”的内涵认识不清，往往将“以顾客为中心”作为一种促销手段，促销一结束就将其束之高阁。

这样的做法无疑是大错特错的，在互联网+服务时代，随着信息技术的普及，用户的收入水平不断提高，市场需求的差异性越来越大，用户的个性化需要越来越多，用户参与营销过程的意愿越来越强烈。

在这样的背景下，“以顾客为中心”的经营思想也因此被赋予了新的内涵。对于传统企业经营者来说，维护好经营客户关系，就需要构建良好的无缝服务体验，因为这关乎传统企业的转型成败。

一、与消费者一起实现创新

让消费者参与产品的研发和设计，会增加产品销售的概率，积极主动地提高消费者的参与度会对企业基业长青和永续经营有着非常大的帮助。

所谓参与，是指企业经营者让消费者提供具有建设性的意见，并分享他们关于如何设计产品与服务的新思维。

遗憾的是，尽管让消费者参与更能满足用户需求，这个道路可谓是人尽皆知，但是成千上万的企业经营者，仅仅只是表面上认同，心理却并未真正接受。在这些企业经营者的意识中，服务仅仅是售后服务而已，甚至连售后服务也懒得做。

2005 年 12 月，浙江省工商行政管理局在对辖区商品抽检中，竟然发现索尼 6 个型号 30 批次的数码相机存在包括自动白平衡失效、成像均匀度不好、液晶屏亮度不够、自动曝光不准确等问题。于是将这部分索尼产品定性为“不合格产品”。其实，这 6 个型号的数码相机早已被国家照相机质量监督检验中心综合判定为不合格产品。

浙江省工商行政管理局在 2005 年 12 月 12 日通报中披露：

“6 个型号的索尼相机是由上海索广电子有限公司生产的索尼 DSC-H1 和 DSC-L1 型数码相机，存在的问题是成像均匀度、白平衡、自动曝光和液晶屏亮度不合格。

“不合格的还有由索尼电子（无锡）有限公司生产的索尼 DSC-P200、DSC-W7、DSC-W5 和 DSC-S90 型数码相机，存在的问题是成像均匀度和自动曝光不合格。”

对此，浙江省工商局已做出责令其停止销售的决定，并予以立案调查，同时进一步调查其他涉嫌质量问题的相机。

刚开始对索尼产品调查取证时，索尼公司对此根本不配合。面对浙江省政府执法部门的询问，通常的回复就是说相关负责人不在单位，或者说对该情况不了解。

当索尼相机的质量问题被中国多家媒体集中曝光后，索尼才开始紧张地处理危机事件，具体的措施是：

第一，质疑检测标准；

第二，索尼公关人员抵达浙江，与执法部门沟通；

第三，矢口否认相机“存在问题”；

第四，对媒体“恩威并用”，以订阅报纸换下稿件，或者以撤销广告威胁媒体放弃报道。

面对媒体的集中讨伐，索尼公司不得不承认其产品存在质量问题。2005 年 12 月 16 日，索尼公司宣布，即日起所有涉案 6 款相机全线撤柜、停止销售，并公开承认“企业标准文件中出现与索尼实际产品性能不符的情况”，正式向中国消费者道歉。

2005 年 12 月 19 日，索尼公司再次发表声明，强调向杭州相关检测部门提交的企业标准数据与数码相机本身被检测出来的实际性能不完全一致，导致相关产品被判定为检测不合格的原因，是生产厂家相关工作人员的工作疏忽，属于内部管理问题，并再次向中国消费者道歉，承诺受理消费者的退货要求。

事后，索尼公司内部人士坦言，此次危机原本可以避免，甚至是不该发生。从索尼公司的服务管理来看，不仅没有让顾客积极参与，甚至连被动的售后服务都懒得去做。当然，正是自己的傲慢，此次危机造成的直接损失竟然超过 10 亿元。因此，索尼公司的“问题相机”处理时间被媒体评为 2005 年在华跨国公司十大失败公关危机之首。这样的负面影响足以说明，索尼公司的服务管理非常糟糕。

索尼公司的案例警示传统企业，不仅需要积极地做好售后服务，同时应尽可能让顾客参与。一家全球特种零售商的高级管理者在接受媒体采访时说："我们在市场调查上花了几百万美元，但是仍然没有留心听消费者对我们说的话。"

该管理者的观点很有代表性。研究发现，很多企业经营者拒绝消费者参与，或者设法不让消费者有效参与，甚至压根就没想过让消费者有效参与，对消费者提供的建议，也总是持审慎态度，这是由于经营者不了解真正的服务管理。

在中国企业的产品设计和研发中，小米创始人雷军就非常重视消费者的参与。面对小米的强势崛起，韩国《中央日报》就以"小米让消费者参与研发，三星感到威胁"为题剖析了小米的成功。

该媒体在文中称，小米适应了当下火红的互联网+背景下的创客时代，让消费者积极地参与，而不是简单地做一个被动的消费者。

清华大学创新创业与战略系教授陈劲认可韩国《中央日报》的观点，他说："单靠企业的创新取得成功的时代已过去了。只有与消费者一起实现创新，才能产生市场破坏力，这就是小米的成功秘诀。"

在陈劲教授看来，小米迎合DIY（Do It Yourself）产品大受欢迎、消费者体验日趋重要的趋势，选择与消费者一起进行创新战略的做法是成功的。基于此，小米能与三星Galaxy并驾齐驱的真正原因就在此。

陈劲教授分析说道："小米创新的参与者不是科研人员，而是用户。小米比三星更加开放。三星强调自身的技术创新和发展，跟用户的互动比较少。而小米则强调用户参与，创建一个用户参与的创新平台。因此，出现了'米粉'。小米把米粉分为三类：一种是简单用户；另一种是单纯购买用户；最后一种是极客。极客是一种很有创新意识的用户。小米通过这些用户消除了生产者和使用者之间的距离，中国年轻人愿意参与。现在人的心理不是单纯购买产品，而是注重参与体验。从服务经济转型为体验性经济。小米就适应了这样一种创客时代，大家都来创造一个东西，而不是单纯做一个被动的消费者。因为以前我们的企业卖产品，是企业主导，现在是用户主导。在此基础上，加上另一种技术3D打印，这个情况就更明显。中国在这一方面转型很快，虽然互联网是美国的，但是中国抓住了这个机会，小米只是其中一部分而已。”

二、将顾客引入产品开发流程

由于当下用户需求的多样化和个性化，完全凭借企业自身的产品设计与创新，无法满足用户个性化的需求。基于此，企业在产品设计与创新时，能够得到产品最终用户的智力支持，对企业来说，无疑是一件意义重大的事情。

当产品还在开发的早期或者测试阶段时，如果用户认可企业产品的设计和创新，双方都将从产品中获得好处——用户得到自己想要的产品或服务，企业也将创造出满足顾客需求的产品或服务。

因此，让顾客积极参与产品设计与创新就成为一个竞争优势。美国费城圣约瑟夫大学市场营销教授和主任迈克尔·所罗门说过：“消费品生产企业更需要像高新技术企业那样采取领先用户方法。这种方法可以鼓励成熟用户积极参与产品的开发过程。对工业产品创新的诸多研究已经证实，如果用户期望新产品带来的好处越多，他就会投入更多的精力去获取解决方案。用户期望生产商能够倾听他们的声音。”

在迈克尔·所罗门教授看来，让顾客参与产品的设计过程，成为协同设计者，有助于确保企业生产出顾客需要的产品。

那么如何才能将顾客转变成协同设计者，如何才能让顾客积极参与产品设计与创新呢？方法如下。

（1）观察了解法。

在研发和创新的过程中，研发部门需要关注顾客的需求，这也是企业研发出适销对路产品的关键所在。观察了解法就是一个很有效的方法。

在一些车展上，当参观者在观看汽车厂商推出的概念车型时，一些汽车厂商的信息收集人员正在密切地关注参观者的行为。例如，大众汽车公司。大众汽车公司经常利用车展获得顾客的信息反馈。参观者曾提出大众汽车公司设计的微型客车概念车过于简陋。得到潜在消费者的信息反馈后，大众汽车公司为微型客车概念车增加了不同材质的更大且更软的座位。

在观察消费者时，许多企业通过观察顾客的行为，由此可能激发更多的产品设计和创新。例如，乐柏美、吉列、百得和3M等。这些企业更热衷于观察顾客，而不是直接向他们提问来获取产品信息反馈。

一般地，企业的信息收集人员时常在商店里观察顾客的购买行为，甚至是到顾客家中拜访以了解他们使用产品的方式。这样做的好处是，能够更多地了解顾客的消费者心理。

在研发清凉李施德林漱口水的过程中，华纳·兰伯特制药公司发现了观察顾客行为的积极作用。

为了获得有效的信息反馈，华纳·兰伯特制药公司委托了一家调研公司进行信息收集，该调研公司向37个家庭支付报酬，参与此次调研。

一开始，大家都认为消费者使用李施德林漱口水和Scope漱口水的目的都是保持口气清新。但经过调研公司的实际调查后发现，真实情况却并非那么简单。调查发现，Scope漱口水的使用者往往先将漱口水含入口中，不久便将它吐出；李施德林漱口水的使用者则会将漱口水含在口里很长一段时间。竟然有一位使用者曾含着李施德林漱口水上了车，过了一个街区才将李施德林漱口水吐入下水道。

调查公司的这一发现，意味着使用者仍然偏向于将李施德林漱口水作为药物看待。

（2）产品定制法。

互联网技术的普及，为顾客的独特需求提供了实现的条件。当为顾客生产定制产品的成本与生产标准化产品的成本相差无几时，生产定制产品就更容易推广。

在互联网+时代的今天，越来越多的顾客热衷于亲自动手配置自己想要的产品，包括海尔冰箱、电脑、手机、自行车，等等。

企业在提供满足顾客需求的产品的同时，大大降低了企业库存产品，还能培养和提升顾客的忠诚度。

在互联网时代，服装公司进行了各种尝试。由于大量服装通过互联网销售，不得不注重产品的定制化。

世界著名服装直销商Lands'End就曾推出了一种名为"Lands' End Custom"的服务，该服务让顾客支付54美元的价格，就可以购买到为其定制的斜纹棉布裤。

当顾客在购买服装时，顾客必须准确在线输入自己期望的服装规格，如男性顾客必须输入上衣的尺寸、身高以及体重等信息，而女性顾客则必须输入自己的身高、体重以及胸围等信息。

另外，Lands' End公司还会询问顾客的体型，如臀部和大腿的比例等。有了这些数据，软件系统按照顾客提供的信息，计算出顾客的体重分布和裤子规格，之后将这些尺寸规格的数据通过互联网传递给位于墨西哥配备了电脑控制机器的生产工厂，该工厂根据订单裁剪面料。两到三个星期后，顾客就可以收到定制的裤子了。

那么，作为传统企业，如何才能实现大规模定制呢？方法有如下几个。

第一，产品组件模块化。即将产品组件分解成若干个不同的模块。当承接订单时，当订单达到临界点时，企业就可以以较低的成本对各个模块进行大规模生产。之后按照不同的配置，将所需的模块组装成不同的产品。

第二，合作型定制。这样的生产方法需要与顾客进行有效沟通，以便清楚地了解顾客的具体需求，并为顾客定制所需要的产品。当顾客面对更多的选择而不知所措时，合作型定制方法高效而便捷。

第三，适应型定制。当顾客要求其购买的产品在不同场合有不同的表现时，适应型定制方法就能解决这个问题。其实，适应型定制产品不过是提供一种用户可以自行更改的标准化产品。例如，路创电子公司生产的照明系统，可以将用户室内不同的灯具相连接。用户可以按照自己的需求，如满足聚会、浪漫时刻、看书等来调整照明系统的效果。

（3）获取在线反馈法。

要想让顾客参与产品的生产和创新，就需要清楚顾客的想法。当然，将顾客引入产品开发流程，不仅需要耗费大量的时间，同时也要花费巨额的费用。不过，在互联网＋服务时代，传统企业经营者可以借助互联网，以非常低廉的成本就可以获得顾客的反馈信息。例如菲亚特汽车公司的案例。

为了获知顾客的需求，菲亚特汽车公司借助公司网站，让用户对下一代 Punto 车型的需求进行在线调查。在此次调查中，顾客可以对这款车型的风格、舒适度、性能、价格、安全特性等指标进行优先级排序。

当然，顾客也可以提出自己认为对这款车型最不满意的地方，并给出相关的改进建议。然后，顾客可以选择自己喜欢的车身风格、车轮样式，以及车头、车尾样式，同时还可以在电脑屏幕上看到自己“设计”的产品。

当顾客设计完所需要的车型后，菲亚特汽车公司软件系统会自动提取客户的最终反馈结果，同时还会记录顾客的选择顺序。

通过这种在线反馈的方式，在短短 3 个月内，菲亚特公司就获得了超过 3000 份的顾客真实反馈。反馈的内容包括在车内配备雨伞架，设计一款前排只有一张长椅的车型等。菲亚特汽车公司为这项调查仅花费了 35000 美元。

从菲亚特汽车公司的案例来看，借助网络获取用户反馈具有诸多显著的优势。顾客可以舒舒服服地待在家中提供反馈，因而响应时间最短；企业可以方便地对调研工具进行修改，或为用户提供它的多个试验版本，一天 24 小时不停地收集顾客的反馈；调研人员可以接触到大量、分散的目标客户；由于顾客是以匿名的方式进行反馈，反馈的信息也将更为真实；由于系统可以自动完成数据收集工作，且避免了编译错误，获取反馈的成本与传统的调研方法相比也大大降低了。

在互联网+时代，互联网不仅打破了传统的企业边界，同时也改变了传统企业的服务模式。在产品设计时，应尽可能地前置，让尽可能多的用户参与其中。这样的变化催生了一个商业时代的到来。

根据不同的行业，顾客参与可分为高度参与、中度参与和低度参与三个层次，见表 2-7-1 所示。

表 2-7-1　顾客参与的三个层次

特征	低度参与	中度参与	高度参与
顾客责任	顾客只需要出现在消费场所	顾客需要投入一定资源获得期望的服务	服务是由顾客主导而完成的
服务标准化程度	标准化生产的产品或服务	标准化生产的服务，由于顾客的投入实现了部分定制化	顾客的积极参与能够决定服务的个性化程度
服务生产的完成方式	服务的生产是面向大众而不考虑个体	服务的生产需要考虑顾客的需求	若没有顾客的参与，将无法完成服务的生产
顾客的投入形式	顾客对服务生产的唯一投入就是付费	服务提供方需要提供服务，但服务的具体生产需要顾客提供信息和努力而实现	顾客投入具有一定的强制性，顾客与企业共同生产服务
举例	航空旅行、快餐馆、旅馆	理发、年度体检、全方位服务的餐厅	婚姻咨询、个人培训、减肥计划

从表 2-7-1 可以看出：

（1）低度参与。

在顾客低度参与中，所有的产品和服务都是标准化的，服务提供方决定其服务内容、服务方式、服务类型等，顾客只能购买到服务提供方提供的服务和产品，如自助服务、快餐店等。

（2）中度参与。

在顾客中度参与中，定制相关服务较之低度参与就有所上升，由于顾客自身个性需求的存在，需要将顾客提供的信息投入到相关产品和服务的生产和提供中，使得标准化生产服务在某种程度上转为定制化生产服务。

（3）高度参与。

顾客高度参与行业，其特征主要是，顾客是构成整个生产环节的不可或缺的组成部分，顾客决定企业提供的服务方式、质量，以及所需时间等。

在这样的背景下，定制相关服务就成为一种普遍的必然现象，顾客与企业共同生产服务，否则将无法获得自己所追求的产品或者服务。在高度参与行业中，其代表行业，如管理咨询、营销策划等。

第八节　危机管理转型：危机应对必须快准狠

随着移动互联网的普及，以及自媒体的崛起，这无疑增加了顾客关系管理的难度。究其原因，自媒体的出现，使得顾客在使用和体验产品或者服务的过程中可能把自己的不满意体验发布到微博、微信等自媒体上，引发舆论危机、负面报道，其发生的范围从传统报刊、广播电视、门户网站等，扩展到成千上万甚至上亿的博客、微博、微信中。

如此迅速的危机事件扩散是很多企业经营者在以前从未想过的。在很多时候，消费者通常利用个人言论阵地——博客、微博、微信等自媒体随时随地对某个企业或产品消费发表满意或者不满意的言论，一旦这些不满意的言论在博客、微博上快速传播，无疑会给企业带来无法预料的危机后果。

因此，作为企业经营者，不能被动地处理危机事件，必须打破其僵化的危机管理意识，防患于未然，彻底地做好网络危机预警体系，一旦发现负面信息，及时地沟通和交流，将危机事件化解在萌芽状态，即在互联网＋服务时代，作为传统企业经营者，面对危机事件，必须做到快、准、狠。

一、异变的企业危机扩散和蔓延传播介质

所谓异变的企业危机，是指当危机爆发后，由于企业经营者的不重视，抑或是疏忽，经过发酵后二次爆发，使得小范围扩散的危机事件，升级扩大，将原本是一个比如关乎产品质量的危机，上升到危及企业整体产品质量的危机事件。

在这个过程中，一旦企业经营者不正确对待，那么就可能诱发企业危机的异变。这就是为什么很多看似微小的危机事件最终引发媒体集体讨伐事件的发生。

在传统的危机管理中，危机的曝光主要集中在电视、杂志、报纸等传播介质。然而，由于互联网技术已经普及，使得频频爆发的各种危机事件越来越多地出现在自媒体上。

自媒体的出现，意味着危机传播介质已经开始变化，危机传播路径开始从传统的媒介转向互联网的微博、微信、QQ 等自媒体。较为典型的危机案例事件：郭美美的微博炫富事件，导致“红十字会总会”危机爆发，危机的结果是撤销了“商业红十字会”；在微博上曝光的故宫危机事件中，如“失窃门”“会所门”“文物门”等“十重门”，危机如龙卷风一样迅速聚焦于故宫；在微博上，王功权竟然利用自己的微博高调宣布私奔，引起投资界轰动一时，让其不知不觉中制造了危机事件；微博现场直播奥的斯地铁扶梯事故；罗永浩借助微博影响力最终使得西门子家电致歉的冰箱门事件……

从以上的种种危机事件可以看出，在微时代，其危机事件以微博、微信等自媒体为辐射核心的平台，已经开始将触角伸开来。

从这些危机爆发的传播途径来看，网络已经成为企业危机扩散和蔓延的传播介质。不可否认的是，随着中国互联网的普及，越来越多的网民正在改变中国传统的危机管理模式。根据第 40 次《中国互联网络发展状况统计报告》数据显示，截至 2017 年 6 月，中国网民规模达到 7.51 亿人，半

年共计新增网民1992万人。互联网普及率为54.3%，较2016年底提升1.1个百分点，见图4-8-1[①]。

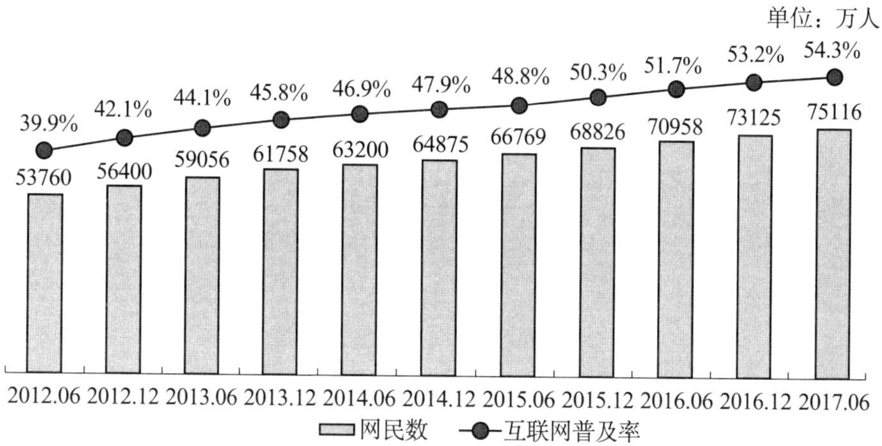

图4-8-1 中国网民规模和互联网普及率

截至2017年6月，中国手机网民规模达7.24亿，较2016年底增加2830万人。网民使用手机上网的比例由2016年底的95.1%提升至96.3%，见图4-8-2[①]。

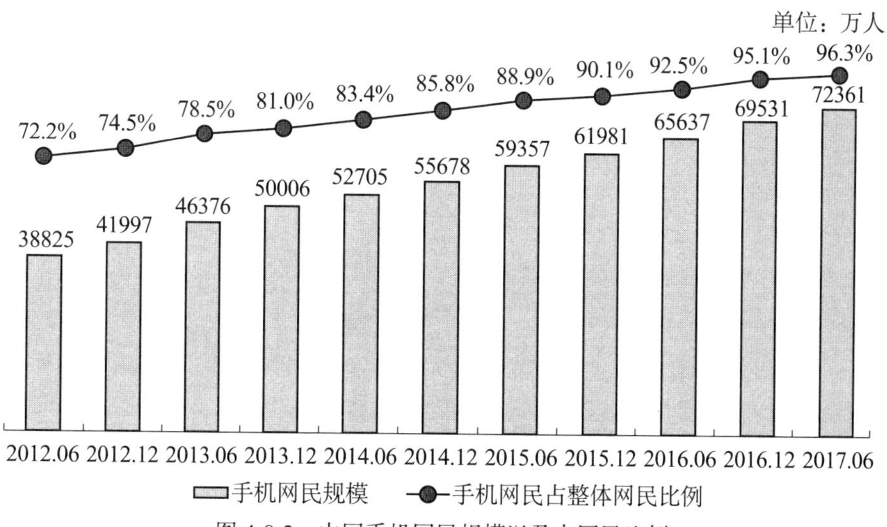

图4-8-2 中国手机网民规模以及占网民比例

① 来源于2017年6月CNNIC中国互联网络发展状况统计调查。

从第 40 次《中国互联网络发展状况统计报告》数据显示可以看出，中国即时通信用户数量巨大。截至 2017 年 6 月，即时通信用户规模达到 6.92 亿，较 2016 年底增长 2535 万，占网民总体的 92.1%。其中手机即时通信用户 6.68 亿，较 2016 年底增长 2981 万，占手机网民的 92.3%，见图 4-8-3①。

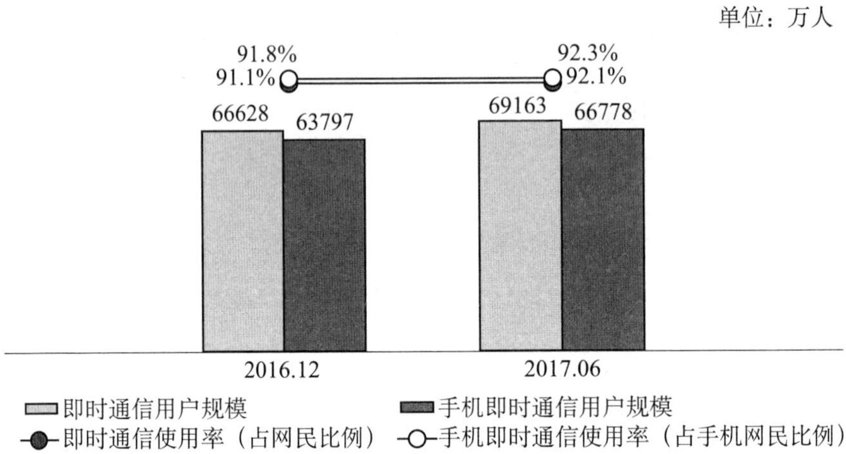

图 4-8-3　2016.12—2017.6 即时通信 / 手机即时通信用户规模及使用率

该报告还显示，截至 2017 年 6 月，使用率排名前三的社交应用均属于综合类社交应用。微信朋友圈、QQ 空间作为即时通信工具所衍生出来的社交服务，用户使用率分别为 84.3% 和 65.8%；微博作为社交媒体，得益于名人明星、网红及媒体内容生态的建立与不断强化，以及在短视频和移动直播上的深入布局，用户使用率持续回升，达 38.7%，较 2016 年 12 月上升 1.6 个百分点。垂直类社交应用中，豆瓣作为兴趣社交应用的代表，用户使用率为 8.6%，见图 4-8-4①。

上述数据显示，如此巨大的网民人群，不管引导企业危机事件的传播，还是解决危机事件的方法，都必须充分地考虑网民的态度。在互联网 + 时代下，由于信息发布的便捷性，每个网民都可以成为自媒体，都可能成为信息传播链条上的制造者和传播者，即网民既是信息传播受众，也是传播

① 来源于 2017 年 6 月 CNNIC 中国互联网络发展状况统计调查。

媒介。因此，当企业面对重大品牌危机事件时，不仅需要结合传统的危机管理体系，还对企业的危机管理提出了更高的要求。与传统的危机事件不同，网络传播更快，影响面更广，下面以传统危机和微时代危机对比为例，见表 4-8-1。

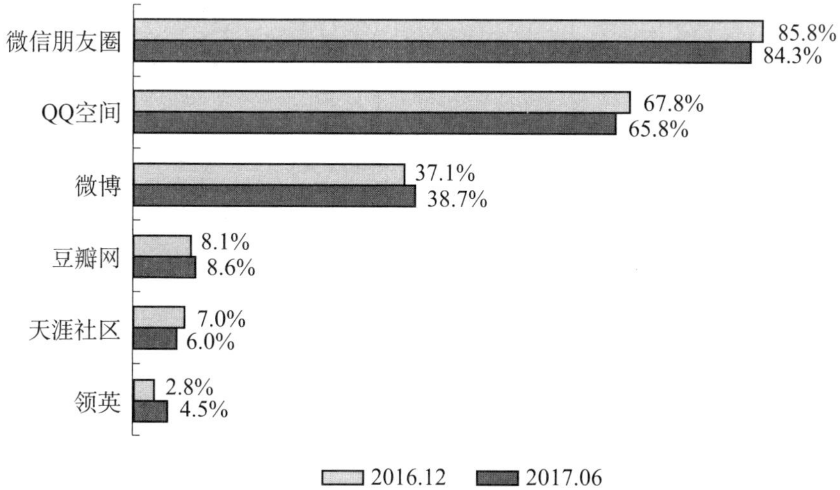

图 4-8-4　2016.12—2017.6 典型社交应用使用率

表 4-8-1　传统危机和微时代危机的对比

	传统危机	微时代危机
传播速度	传播速度通常以小时、天、周为单位	传播速度甚至以分、秒计算
传播渠道	由平媒广电进行播报	微博成为重要的危机爆发平台，与媒体互相联动，容易放大问题，使危机升级
传播角色	媒体担当着推动危机变化的重要角色	意见领袖成为推动危机变化的关键角色。事件的关联方（网民，当事人 / 品牌，媒体等）多立场、多观点多点传播，引发共鸣的普通网民会导致危机快速扩大
传播形式	相对单一的文字、图片或电视节目等	传播形式立体化、多样化，如借助视频、漫画、网络段子的恶搞、经典再创作等
传播情感	相对中立、客观	语言表达情绪化，个人情感成为推动传播的重要驱动因素
处理反馈	反馈意见收集困难、缓慢	危机处理的效果反馈更加及时，处理不当极易引发二次危机

由于互联网时代的危机更具传播性，特别是一些网络意见领袖具有较强的影响力，当这些意见领袖对某些产品或服务不满时，特别是通过微博、微信等自媒体发泄时，企业的负面信息快速在微博上传播，这非常容易得到其他遭遇类似不愉快经历消费者的响应。一旦基于“临时共性”的集体认同的人群聚集在一起，必然持续播报企业的负面消息。这样的事件，将由可控的“个体协同”演变成不可控的“多边协同”，无疑使得危机事件持续成为议论的热点。

当然，任何事务都有其两面性，当微博、微信等自媒体成为一种传播介质时，自媒体就成为一些企业品牌应对危机沟通的一个重要平台。当各类危机事件爆发后，如果企业经营者运用得当，有效地引导危机传播，可以起到防止危机事件升级的作用，避免危机事件对企业造成更大的危害。

二、消费者投诉引发危机事件

大量事实证明，漠视顾客的投诉而引发危机的事件并非个案。由于一些企业不重视顾客投诉，使得诸多的顾客投诉发酵，结果造成严重后果。当危机事件爆发后，再来被动地应对，无疑给企业经营者有效地应对危机管理增加了难度。

在最近几年中，因为顾客投诉而导致的危机事件不胜枚举，这些危机案例给企业经营者提供了很好的反面教材，如“惠普电脑‘蟑螂门’事件”“日航中国乘客事件”“东芝笔记本事件”“尼康问题相机事件”“丰田汽车召回事件”等。这些危机案例都是因为没有对顾客投诉给予足够重视，采用错误的处理方式，使得企业危机事件恶化，给企业造成了巨大的直接或间接损失。如果从长远来分析，危机对这些企业的影响，间接损失比直接损失要大得多。

顾客投诉引起的蝴蝶效应足以让危机企业付出惨痛的代价。所谓蝴蝶效应，指蝴蝶扇动翅膀的运动会导致其身边空气系统发生微小的变化，其产生微弱气流会引起周围空气产生相应变化，由此引起一个一个的连锁反应，最终发生极大变化。

蝴蝶效应给企业经营者的启示是，一件看似微不足道的顾客投诉问题，在经过一系列演化后，极有可能成为一个无法控制的危机事件。当顾客投诉达到一定新闻价值后，媒体记者就会敏感地抓住，随之进行专题报道，其顾客投诉的危机也就形成，其过程如图4-8-5。

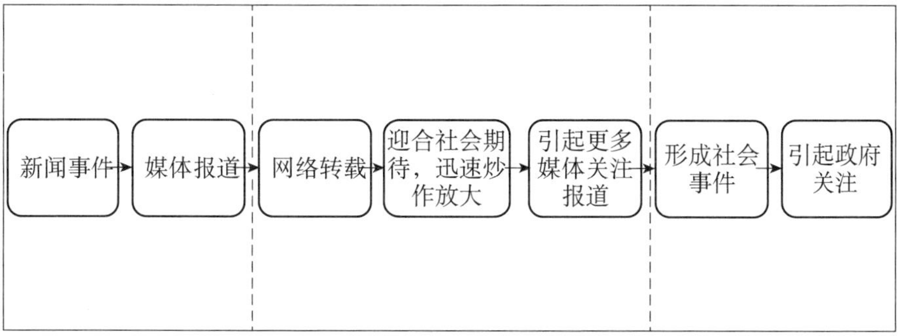

图4-8-5 顾客投诉后导致的企业危机流程

在实际经营中，企业经营者不可能避免遭遇顾客投诉，顾客投诉的“蝴蝶效应”每天都可能引爆企业危机。这就需要企业经营者正确地把握顾客投诉的时机，这样会比事后应对危机更加有利。

2013年9月，武先生购买了一台仅单机就花了近万元的尼康D600相机。由于宣称“防尘防潮”，尽管价格昂贵，武先生也没有犹豫。

让武先生没有想到的是，刚使用不到一个月的尼康D600相机，就开始出现了掉灰掉渣现象。就这样，武先生由此开始到检修点“清洗相机”。在短短三个多月里，竟然清洗过四五次，但是始终无法解决根本问题。

2013年春节前后，尼康公司不得不将武先生的相机更换快门，然而，相机返回后只使用了一次，掉渣问题又开始出现。

武先生说：“尼康D600被央视曝光后，我又找到经销商，要求彻底解决问题，但对方称尼康公司已声明，可以终生免费清洗。我不同意，认为这是相机质量存在缺陷。供应商却说解决不了，让找售后，之后就躲起来不见了。”

由于尼康D600问题没有得到解决，武先生在石光摄影网上发帖子抱怨尼康公司的做法。武先生在帖子中表达了自己的诉求：“我们使用尼康D600的用户强烈呼吁尼康中国销售总公司给我们尼康D600的用户更换新机！”立即得到很多影友跟帖响应与维权支持。

在2014年的3·15晚会上，中央电视台曝光了尼康D600相机存在质量问题。然而，尼康公司针对此仅仅做出致歉并提出三点应对措施。

不过，细心的顾客发现，尼康的措施根本没有解决实质问题，尼康D600用户拿着消不掉黑斑的相机，一次次地奔波在售后维修处。在石家庄，一个影友发了一个名叫《使用尼康D600机器的摄影人是否要陷入掉渣门的终身烦恼》的帖子引发广大影友共鸣。于是，石家庄摄影家协会联合摄影峰会·群主联盟QQ群在其官网发布了《关于开展问题相机调查维护影友合法权益的公告》，并征集遭遇“掉渣”尴尬的影友“你我一道讨公道”，开始走向集体维权路，尼康公司的危机事件再次发酵。

事实证明，在企业日常的经营中，顾客投诉可能就是引发企业危机事件的一只“蝴蝶”。顾客投诉一旦得不到重视和有效处理，顾客很可能会利用互联网在微博、微信或者博客上发泄自己的不满情绪，甚至产生过激行为，进而吸引媒体参与曝光，引发公共关系危机，如《九阳售后服务再被投诉 消费者称就是扔掉也不找了》（新浪网）、《快递员辞职卷鞋跑路 韵达快递客服：正在核查情况》……这些危机几乎都是因为顾客的投诉没有得到有效的处理，最后演变成危机，被媒体曝光。因此，管理者及时了解顾客投诉的原因并给出应对方法，在理念层面形成对投诉的正确认识尤为重要。

顾客一般会投诉什么问题呢？根据《2016年全国消协组织受理投诉情况分析》报告显示，投诉根据性质划分为：质量问题占41.47%，售后服务问题占22.73%，合同问题占12.23%，价格问题占5.27%，虚假宣传问题占4.8%，安全问题占3.16%，假冒问题占2.83%，计量问题占1.16%，人格尊严问题占0.30%，其他问题占6.06%。见图4-8-6。

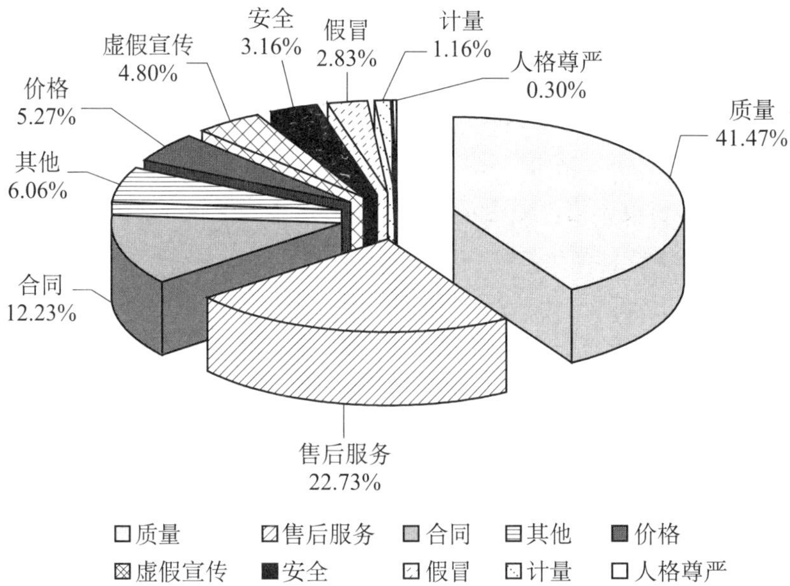

图4-8-6　2016年投诉性质比例图

与2015年相比，售后服务、合同、价格、虚假宣传、安全、假冒、计量、人格尊严的投诉比重有所上升，如表4-8-2所示。

表4-8-2　按投诉问题性质分类情况表

项目	2015年		2016年		比重变化（%）
	投诉问题（件）	投诉比重（%）	投诉问题（件）	投诉比重（%）	
质量	285250	44.39	270990	41.47	↓2.92
售后服务	135672	21.11	148529	22.73	↑1.62
合同	71013	11.05	79903	12.23	↑1.18
其他	104731	16.3	39599	6.06	↓10.24
价格	20423	3.18	34419	5.27	↑2.09
虚假宣传	9856	1.53	31370	4.80	↑3.27
安全	5170	0.8	20671	3.16	↑2.36
假冒	5242	0.82	18524	2.83	↑2.01
计量	3651	0.57	7552	1.16	↑0.59
人格尊严	1562	0.24	1948	0.30	↑0.06

从上述数据不难看出，产品质量、售后服务和合同问题仍是引发投诉的主要原因，占投诉总量的七成以上。

当遭遇大量的投诉后，一旦企业经营者缺乏有效应对顾客投诉的方法，最终为自己的行为付出了代价。无论是“九阳售后服务”危机事件，还是“韵达快递员辞职卷鞋跑路”危机事件，其危机事件的引爆原因竟然是一件原本简单的顾客投诉事件演变成的。因此，避免类似的危机事件发生，建立高效的顾客投诉管理体系就刻不容缓。

顾客投诉管理对于任何一个企业来说，都是一个极具综合性的管理难题，涉及企业业务管理、人员管理、流程管理等诸多方面，绝不能仅仅局限在顾客服务中心一个部门。在面对顾客投诉时，企业经营者必须积极地处理顾客的投诉问题，为在服务、产品质量或者沟通等问题造成的失误进行及时补救，赢得顾客的认可。因此，只有将高效的顾客投诉管理体系执行到位，才能真正地解决因顾客投诉而导致的危机事件问题。

一般地，顾客投诉管理体系主要有如下几个方面。

（1）做好顾客投诉预防工作。事实证明，事后控制不如事中控制，事中控制不如事前控制。在实际的顾客投诉管理过程中，做好顾客投诉预防工作是最为重要的一个环节，企业经营者不仅要重视顾客的投诉预防工作，还需要向各个部门大力推行。这就要充分利用企业最前端的资源有效地解决顾客的投诉问题，而不是等到顾客投诉以后再亡羊补牢，将顾客的不满屏蔽在萌芽阶段。

（2）积极受理顾客的投诉。当接到顾客投诉时，企业经营者必须积极受理顾客的投诉，积极地做好顾客的投诉受理工作，具体做法如下：第一，给顾客投诉提供顺畅的渠道，如投诉电话、电子邮箱、董事长信箱、顾客回访，等等；第二，规范处理顾客投诉流程，记录、受理、处理、分析、反馈等都必须流程化；第三，完整地收集顾客相关投诉信息，通过标准化的、人性化的顾客管理将不同的顾客以及其不同消费需求进行大数据分析。

（3）有效地处理顾客投诉。当受理顾客的投诉之后，必须有效地进行处理。在处理顾客投诉时，最好注意如下几点。

第一，礼貌地对待顾客粗鲁的投诉。一般地，顾客在投诉时，往往情绪较为激动，甚至粗鲁，为此，企业工作人员必须礼貌地对待顾客，避免顾客采取过激的行为。

第二，站在顾客的角度分析投诉问题。企业工作人员在处理顾客投诉时，要尽可能地站在顾客的角度分析投诉问题，不能只站在企业的角度来处理顾客的投诉问题。

第三，倾听顾客的投诉。通常情况下，顾客的投诉行为仅仅是一种发泄，企业工作人员喋喋不休的解释可能会导致顾客更加不满。因此，企业工作人员应该耐心地聆听顾客的投诉，从中发现问题的真正原因，给出最好的解决办法。

第四，向顾客道歉。顾客之所以投诉，是因为企业产品或者服务肯定存在不足之处，企业工作人员要真诚地向顾客致歉，请求顾客的谅解，并感谢顾客的投诉，以后因此而改进产品质量或者提升服务质量。

第五，迅速处理顾客投诉。对于顾客投诉，企业必须及时地处理，绝对不能拖延，以免使得事态升级，转化为危机事件。

（4）分析顾客投诉。企业经营者要想了解顾客真正需求、贴近市场，必须处理好顾客投诉。因为从众多具体的顾客投诉中，可以发现一些规律性或异常的问题，企业经营者从顾客投诉分析中可以挖掘出有价值的东西，更加了解顾客需求，更加贴近顾客，更加贴近市场。

（5）不断完善顾客投诉管理制度。在建立了顾客投诉管理体系以后，企业经营者需要将其制度化、规范化，使企业工作人员在处理顾客投诉时有章可循，并把其纳入公司日常管理的范畴，设置专人进行顾客投诉管理，并定期对顾客投诉管理工作进行考核。

第九节　生产转型：满足用户的个性化定制需求

海尔集团董事会主席、首席执行官张瑞敏告诫转型中的传统企业经营者说道："最近哈佛商学院把海尔案例写成哈佛商学院案例，我倒没觉得我们做得多好，但我们力争把握大方向，把互联网＋制造具体化，做互联工厂。而互联工厂不是一个工厂的转型，而是一个生态系统，整个企业全系统全流程都要进行颠覆。"

张瑞敏的观点极具借鉴性。回顾企业经营历史不难发现，在过去，大规模的生产成为那个时代最核心的竞争优势。高耸的烟囱、机械化的流水线曾被誉为西方工业文明的象征。

在如今互联网＋的冲击下，现代工业的新符号则是工人拿着平板电脑控制复杂工艺。为此，传统的制造企业也顺势而动，在数字化的虚拟空间中完成互联网＋的转身。在这样的变革中，生产流程无疑被改造，甚至被颠覆。

汉帛国际集团总裁高敏为此认为："做企业，不仅仅是为了赚钱。以前，不同工厂都在用同样面料生产同款衣服，造成很大的资源浪费，如何避免这一现象呢？'互联网＋'就是个很好的途径。我们在全国有200多家直销门店，我们可根据这些门店采集的顾客数据，实现个性化服装定制，而这些数据，我们可通过自己的导购平台，分享给我们的客户和合作伙伴。"

一、大规模制造变成大规模定制

谈及传统企业的转型，海尔集团董事会主席、首席执行官张瑞敏在实践中总结说："互联工厂要的不仅仅是高效率，要的是高精度，也就是从大规模制造变成大规模定制。"

在张瑞敏看来，在互联网＋的当下，高效率已经不仅仅是这个背景下的全部竞争优势，只有具备从大规模生产到大规模定制，这样的转型才能使得传统企业更具竞争力。

在传统工业时代，用户在家通过互联网动一动鼠标键就可以"造"出一台冰箱，这样的事情无疑是一件天方夜谭的事情。然而，在互联网+时代，海尔集团位于沈阳的冰箱无人工厂却把这样的科技梦想变成了现实。海尔集团作为中国家电业最先开启互联网转型的代表企业，凭借“智能交互制造平台”——前联研发、后联用户手段打通整个生态价值链，实现了用户、产品、机器、生产线之间的实时互联，为用户在家中通过互联网定制自己钟爱的冰箱提供了技术支持。

当前，以互联网+为基础的工业4.0浪潮正在影响全球的制造业，中国编制的《中国制造2025》将工业智能化作为未来产业发展的重要方向。海尔沈阳冰箱无人工厂以智能互联为基础，以用户个性化定制为主线，以全流程整合为途径，已俨然成为中国制造2025率先实践的最佳样本。

90后女用户小郑刚刚租了一套房子，想要买一个适合她用的冰箱。在小郑看来，跑到实体店去货比三家是一件挺“过时”的事情。

小郑更愿意直接到网上商城去定制一款属于自己的心仪冰箱。因为小郑可以对颜色、款式、性能、结构等特征做全方位的选择，然后下订单就万事大吉了。不仅如此，小郑还可以通过互联网随时查看自己定制的冰箱到了哪一个工位、哪一个工序、有没有出厂、有没有开始送装。

在工厂中，小郑的定制冰箱订单需求被传递到生产线的各个工位上，工作人员根据用户需求进行生产和优化，在生产线上，1万多个传感器充分地保证了产品、设备、用户之间的互联沟通。工作人员只需要把配件随机放进吊笼里，生产线就可以根据用户定制的型号自动检索。生产完该型号的产品，系统会自动知道下一个型号的产品是什么，自动进行切换，10秒钟之内完成，通过这种方式满足用户个性化定制的需求。

上述场景不是发生在科技大片中，而是正发生在海尔集团智能工厂的流水线上。当然，海尔集团将这一切得以实现的关键是：海尔集团从一个家电制造商转型成为一个大型平台公司。在这个平台上，活跃着无数的小微团队——他们有些来自集团内部孵化，有些则是外部团队入驻。

众所周知，个性化的定制产品不同于以往的批量化生产，即使是同样一款家电产品，往往会根据不同用户的特殊需求调整不同的生产流程。为了达到用户的个性化定制，在海尔集团平台上活跃着的无数小微团队，轻松地将该产品进行模块化分解，让每个团队认领一个或几个自己擅长的模块进行生产，最后在海尔集团的智能车间中进行最终拼装。海尔集团小微团队这种先化整为零，再化零为整的做法，有效地实现了“大规模定制化”生产。

二、规模化定制成为转型趋势

事实证明，海尔集团转型的成功，不仅仅是一次勇敢者的探索，也是一次全系统颠覆的尝试。张瑞敏在山东省“互联网+制造”会议上的演讲时谈道：

我们内部有一句话：顾客是什么，付款就是销售的结束，顾客给你付款之后跟你就没有关系了。但现在，付款应该是销售的开始，甚至付款之前他就要介入，参与你的前端设计。

做到这一点，工厂要改变，变成互联工厂，工厂满足用户个性化需求。个性化需求来了之后，需要虚拟设计，加上智能化制造，而不是你在车间里头来导入这些事儿。比如我们收购新西兰的斐雪派克，在青岛建立一个电梯厂，它的设计在新西兰，设计通过网络传过来，生产线接收它的设计来制造。机器换人可以实现高效率，但是互联工厂要的不仅仅是高效率，要的是高精度，我们现在正在做的就是怎样把用户个性化需求在互联工厂实现，也就是从大规模制造变成大规模定制。

这带来一个问题，我们现在有很多的用户个性化需求来了之后，我给你制造，是把从设计制造包装的全过程发到你的手机上，用户必须要参与进来，有人说这是透明工厂。现在这个量还不大，因为有十万个用户提出十万个需求，我总归不能给你做十万个不同的产品，因此这一个用户圈应该是互相交互，交互到最后实现一些比较集中的型号，形成新产品。

张瑞敏的洞察力是具有前瞻性的。在互联网+时代，传统的大规模生产将被个性化的定制所颠覆，越来越多的传统企业以互联网+为基础进行小规模定制。

在《小众行为学》一书中，美国社会趋势观察家詹姆斯·哈金（James Harkin）明确指出，在未来，社群经济将取代“将所有商品卖给所有人的策略”。

在詹姆斯·哈金看来，中间市场是传统企业过去最为广阔的市场，即那些用户并不是传统企业最核心的用户，但是他们选择不多，而传统企业的产品又能勉强满足这部分消费者的需求。

在互联网+时代，这样的关系已经改变，同样的需求却被另一些竞争者更精准地满足。当传统企业的中间市场逐渐萎缩时，只有实现传统企业的产品生产与消费者之间的高精度匹配，才能拓展其产品销售。中欧国际工商学院运营及供应链管理学教授赵先德认为：“互联网的影响正逐渐深入到采购、制造、产品设计，以及这些不同环节的整合，最后形成基于供应链流程的整合创新。”

在传统企业中，生产缝纫机设备的杰克控股集团就是这样一个高精度匹配的案例。杰克控股集团总裁阮积祥介绍说：“我们是缝纫机行业，最终用户就是普通消费者，而需求正发生很大变化，个性化需求明显。现在有些服装，一个型号一个款卖完就没有了，都是小批量的。你要订什么颜色、款式，未来都可以通过虚拟网络来实现。希望哪个工厂做，整个设计过程以及怎么做你都能知道。”

阮积祥的经验似乎证明了詹姆斯·哈金的观点。杰克控股集团位于浙江省台州市，其地理位置较好。台州位于浙江省中部沿海，东濒东海，北靠绍兴市、宁波市，南邻温州市，西与金华市和丽水市毗邻。

在台州市，密集分布着大量的缝纫机制造企业。2008年金融危机后，波及世界的经济危机导致了台州大批缝纫机制造企业遭遇生产经营困难。于是，杰克控股集团率先启动转型，把业务聚焦在缝纫机产品上。2012年，杰克控股集团再次转型，把产品设计和生产聚焦小规模客户身上，即那些个性化需求、需要进行小批量生产的企业客户身上。

杰克控股集团这样的做法，遭遇企业内部和外部经销商的诸多质疑，甚至不理解。阮积祥解释说："从 2008 年开始，中国传统企业逐渐感觉到危机，很多都倒闭，不转型就死掉。浙江企业这两年死得更多，特别是去年更多一些。为什么？就是因为他不去变革，还是走大批量生产，靠（降低）成本、人工制造为主的道路。"

杰克控股集团转型后，其订单的总价值变得非常小。有些客户只订购 50～100 台缝纫机的订单，甚至还有更少的。这对于大批量生产的杰克控股集团来说，在短时间内显然是一个艰难的转变。

面对这样的难题，阮积祥却坚持转型。阮积祥早就发现大型缝纫机设备的销售占比正在下降，而小型设备的占比在逐步上升。不仅如此，阮积祥也在为此次成功转型做准备。2009 年 7 月 1 日，新杰克耗资 4500 万元人民币，通过非股权、非承债式的方式收购德国奔马和拓卡，收购的目的是因为奔马和拓卡在世界高端自动裁床产品市场具有巨大的影响力。

收购奔马和拓卡后，阮积祥在台州下辖临海县建立了一个工厂，其生产线专门生产特殊产品。其目的"是为订单而生产，不是为库存而生产"。即实现更智能化的"后拉式"生产。所谓后拉，与前推相对应，前推指不管下一个环节真正需要多少，只要前面做多少就往后面压多少。按照以前的方式，则最终造成库存量会大量增加。而现在要以客户订单为基础，营销部门给制造部门下订单，从后道工序拉前道工序，例如涂装给精加工下订单，精加工给铸造下订单，理论上说，如果这种需求每一层传递的都是精准的，可以实现零库存生产。

如今的杰克控股集团，其定制能力越来越强，每台设备的功能非常简单，甚至单一。在应对未来的个性化需求，其每一台设备功都是单一并且唯一的，这就意味着，每一种客户需要都能找到一台对应这种需求的设备。

在个性化生产的路径中，也有专家指出，个性化产品必须建立在"软硬结合"的基础之上。只有这样，才能通过个性化的产品来承载不同用户独一无二的使用偏好。

工业 4.0 问题专家李杰形象地把产品的价值比喻为蛋黄，由此衍生出的服务却是更大的蛋白。这就意味着人们能够可见的东西，其价值往往是有限的，而不可见的服务，其价值却是无限的。这样的转变促使传统企业经营者在个性化时代不仅是制造产品，而更应该转向销售服务，甚至连机床这样的工业母机都在互联网 + 浪潮下调整经营策略。

第十节　消费场景转型：传统企业跟上用户变化的需求

在很多商业街，以前为了找零钱，不管是顾客，还是商贩，都是一件非常麻烦的事情，顾客不愿意拿着大把的零钱，而商贩又不愿意把零钱找给顾客。

然而，在互联网 + 时代，这样的情况已经不复存在。如今的商业街商贩，不再像以前那样找零，而是打印两个二维码——微信支付二维码和支付宝二维码。顾客和商家都十分喜欢这种付款和收款的方式。

这样的变化说明了一个问题，互联网支付的便捷让支付遍及商业和生活的每一个角落。基于此，作为传统企业经营者，在坚持转型的过程中，都不能绕开顾客消费场景。

一、场景触发消费者购买欲望

当我们提及传统企业转型时，第一印象肯定是制造企业而非银行业，但是随着互联网 + 在中国的普及，特别是“互联网 + 金融”战略的提出，作为传统企业的银行，也不得不启动自己的转型引擎，开始自己的消费者场景转型之路。

在这场转型战役中，交通银行就开始了自己的尝试。2015 年 6 月 5 日，《南方日报》刊登了一篇以“超级最红星期五：互联网 + 普惠金融的成功营销案例”为标题的报道。

交通银行信用卡“超级最红星期五”于（2015年）5月15日如约而至，百万持卡人在同一天涌入全国2700家超市。

数据显示，当天涌入超市的持卡人数同比提升8%，消费者共计获得近7000万元刷卡金额；所有参加活动的超市，刷卡金额都创下新高，带动的整体消费净增超过15亿元。

各项飘红数据的背后，是交通银行信用卡在“互联网+”时代，应互联网金融市场环境、客户需求和服务模式的快速变化，着力打造“最红星期五”情怀的成功。

交通银行信用卡凭借“超级最红星期五”这一活动，成功地创造了一个营销传奇。据交通银行信用卡相关的数据显示，“超级最红星期五”活动有近250万持卡人注册参与；“超级最红星期五”当天，积分乐园整体销售额较活动前日均销售额提升70%。有的消费者在微博上评论说：“‘超级最红星期五’当天，最红的莫过于那些沃尔玛的收银员的眼睛，因为生意太火了。”

研究发现，交通银行信用卡“超级最红星期五”活动取得成功的背后，与交通银行的消费者场景转型有关。

随着互联网金融市场环境、客户需求和服务模式的快速变化，交通银行信用卡不得不开始自己的转型之路——向消费场景和情怀转型。

或许这样的变化说明了一个问题，互联网支付的便捷让支付遍及商业和生活的每一个角落。基于此，作为传统企业经营者，在坚持转型的过程中，都不能绕开顾客的消费场景。作为传统企业的金融业，为了更好地迎合顾客的需求，更是如此。

（1）营造消费场景。

交通银行信用卡的着力点定为超市和加油站。这两项消费是刚性需求；而且，超市和加油都不会有固定的优惠，如果做营销活动，老百姓就会拿到实实在在的优惠。

这就是交通银行信用卡在2015年5月15日能够实现大范围刷卡返

50%的原因所在。当然，这样的活动最大限度地激发了消费者参与的热情，带动了一大批习惯网购的人群回归线下。

（2）升级产品层次。

作为"最红星期五"的年度盛宴，"超级最红星期五"延续了亲民、实惠、情感共鸣的品牌特色，在原有"最红星期五"品牌基础上，特选某一个星期五集中给予持卡人更多"刷卡优惠"，增强了"最红星期五"的拥护者对这一营销品牌的忠诚度和期待感。

（3）让消费者回归家庭生活。

作为上班族，在经过一周的忙碌后，一般在周五得到些许缓解，所以星期五是工作到生活的转折点，是释放工作压力、刷新自我能量的激活点，也是回归家庭生活、与家人朋友情感沟通的衔接点，消费者在愉悦心情下的便利购物就能获得最高满意度。"超级最红星期五"凭借活动范围广、参与商户多、活动门槛低、不用排名、不需抽奖、没有奖励人数限制等众多优势，极大地激发了持卡人"我就爱实惠"的消费态度，最终形成有大批粉丝捧场。

二、场景消费的态度与主张

当交通银行信用卡在互惠金融时代以自己的方式向用户消费场景转型时，招商银行也在探索自己用户消费场景转型——"微信银行"。

在传统企业消费场景转型中，微信营销的功能是少不了的。在向消费场景转型中，招商银行的微信营销可以说是较为成功的范例之一。

招商银行创建于1987年4月8日，是中国首家完全由企业法人持股的股份制商业银行，其总部设在深圳。

招商银行成立之后，先后进行了四次增资扩股，并于2002年3月成功地发行了15亿普通股。2002年4月9日，招商银行A股在上海证券交易所挂牌上市。

2006年9月8日，招商银行开始在香港公开招股，发行约22亿股H股，集资200亿港元，并在9月22日于港交所上市。资本净额超过2900亿元、资产总额超过4.4万亿元。

在互联网+时代，招商银行作为一个典型的传统银行企业，为了生存和发展，也不得不开始转型。在转型之路上，招商银行通过嫁接微信服务，顺利地脱颖而出。

2013年，当互联网思维正在史无前例地影响中国的传统企业时，招商银行也觉察到互联网的巨大作用。于是在2013年3月首次推出信用卡微信客服服务，在其后的2013年7月，招商银行推出中国首家“微信银行”。

据悉，“微信银行”的服务范围从单一的信用卡服务拓展为集借记卡、信用卡业务为一体的全客群综合服务平台。

据招商银行微信营销负责人范雨介绍，招商银行的微信平台是一个闭环的呼叫中心系统，简单的问题往往由微信机器人自动应答；当遇到较为复杂的问题，微信机器人会引导用户到招商银行的手机应用掌上生活或者手机银行办理相关业务；当遇到复杂的问题，如协商还款、查询一些疑问交易、转人工等，这些服务都可以通过微信直接连到网络人工系统，由招商银行的人工来解决。

通过信用卡微信客服服务，招商银行有效地用微信机器人解决了人工成本上升，现有的人工客服无法及时应对随流通户、交易笔数的增长而增长的人工来电量等问题。

基于此，招商银行精心地打造了这样一套系统，完成了呼叫中心的革新式变革，逐渐缓解人工服务的压力，招商银行提供的优质服务让用户满意度得到大幅度提升。

事实证明，招商银行的微信服务，不仅丰富了银行与客户沟通的渠道，同时微信金融服务面临着营销、安全等方面的挑战。为了更好地探索微信营销的价值，2012年，招商银行开始尝试做微信营销。

2012年，招商银行与亿长城联袂合作，在微信上开展名为“小积分微慈善”的营销推广活动。在此次合作中，亿长城通过精心策划，当微信用户启动“漂流瓶”功能，一旦捡到招商银行的“爱心”漂流瓶，只要回复之后，招商银行便会通过“小积分，微慈善”平台即可为自闭症儿童提供资金或其他帮助。

亿长城的统计数据显示，在招商银行展开的这次“小积分微慈善”活动，每捡十次漂流瓶便基本上有一次会捡到招商银行的“爱心”漂流瓶。用户参与的数量达到30万以上，使得招商银行的“小积分微慈善”活动得到了更好地传播。

在此次微信营销推广中，招商银行利用漂流瓶的互动方式增加了用户的认可度，迅速地增加了粉丝数量。不仅如此，招商银行真正的微信营销亮点，则是实现招行信用卡中心的微信公众号可查询账户余额的功能。

通过微信号绑定信用卡信息之后，用户根据弹出页面提交自己的身份证、护照等其他证件，在查询“金额”项，即可查询自己的信用额度，同时该账号还能返回带有部分关键字的相关交互内容。该微信账号实现了电话银行的部分服务，其他所有电话银行具备的功能还在持续增加中。

因此，业内专家撰文指出：“招商银行为金融行业开了个好头。金融类企业、电信类企业均可参照招行案例进行微信营销，对于所有金融、电信行业企业来说，微信公众账号将更加便捷地打通企业移动互联网客服乃至销售平台，并且成本低廉，技术性高。”

参考文献

[1] 奥美.2012微时代危机管理白皮书[EB/OL]，2017. http://www.doc88.com/p-1866021288831.html.

[2] 阿里木.中移动发布融合通信手机：寻找互联网新入口 再造中移动[EB/OL]，2017.http://tech.ifeng.com/a/20141219/40911852_0.shtml.

[3] 陈雪频.管理的正念[M].北京：新世界出版社，2013：P198-200.

[4] 陈予燕.于绍文：企业“不转型等死，转型找死”[N].证券市场周刊，2011-09-26.

[5] 陈一佳.欧莱雅互联网营销去明星化[EB/OL]，2017.http://finance.sina.com.cn/zl/international/20140725/133319820024.shtml.

[6] 东玫.超级最红星期五：互联网+普惠金融的成功营销案例[N].南方日报，2015-06-05.

[7] 丁蕊.联想如何用互联网思维卖“柳桃”？[EB/OL]，2017. http://finance.sina.com.cn/zl/china/20141017/150020570134.shtml.

[8] 董寒雪、沸腾、费霄雨、王飞、夏扬.老干妈的营销实战[EB/OL].2015.http://www.docin.com/p-994317118.html.

[9] 范博宏，董雅姝.苹果：创始人到经理人的公司治理变迁[J].新财富，2013（5）.

[10] 房煜，黄燕.后台：互联网+时代制造业的化学反应[J].中国企业家，2015（05）.

[11] 高少华.企业互联网化渐成趋势[EB/OL]，2017. http://business.sohu.com/20140627/n401509299.shtml.

[12] 姜奇平.大数据时代到来[J].互联网周刊，2012(2).

[13] 贾丽.互联网+传统产业深度跨界竞合 长虹 小米欲打造智能生态[N].证券日报，2015-08-07.

[14] 华为集团公司.数字化重构新商业未来[N].中华工商时报，2014-01-17.

[15] 胡浩.苏宁转型悬念：线上领跑可否带动O2O全渠道[EB/OL]，2017. http://tech.sina.com.cn/i/2015-03-31/doc-iavxeafs3580169.shtml.

[16] 刘志强，白之羽.“互联网+”创新驱动新引擎[N].人民日报，2015-03-24.

[17] 刘成.海尔试水全面互联网化 转型为“出创客”互联网平台型企业[N].经济

日报，2016-01-27.

[18] 刘莉．“互联网 +”要有核心技术 [N]. 楚天都市报，2015-06-14.

[19] 刘虹辰．受房地产业不景气影响 深圳多个知名家具企业遇转型危机 [N]. 中国质量报：第 07 版，2014-09-19.

[20] 刘醒，向琳．有温度的互联网，才能 +[J]. 商界，2015（05）.

[21] 刘雪慰，刘艳晖，李志宏．金百万：有一道好“菜”叫场景 [EB/OL]，2017.http://www.ebusinessreview.cn/articledetail-273573.html?from=timeline&isappinstalled=0.

[22] 刘琪．从 361° 做儿童智能防丢鞋，看跨界的正确姿势 [EB/OL]，2017. http://www.vccoo.com/v/5759b7.

[23] 廖国红．“互联网 + 工业”，助力“中国智造”[EB/OL]，2017.http://news.xinhuanet.com/info/2015-06/05/c_134297485.htm.

[24] 李欣．苏宁发布 2014 年年报 全年营收 1089 亿 [N]. 新民晚报，2015-03-31.

[25] 凝眸痴视．我们为什么追求产品的极致体验？ [EB/OL]，2017. http://www.jianshu.com/p/b6xKdQ.

[26] 清华大学研修班官方网站．苹果公司成功的秘密在哪里 [EB/OL]，2017.http://www.ceosaga.com/EMBAwk/pinpaiguanli/20150509/16626.html.

[27] [日] 船桥晴雄．日本长寿企业的经营秘籍 [M]. 北京：清华大学出版社，2011.

[28] 瑞杰 .IBM 成功转型：昔日蓝色巨人变身软件巨头 [EB/OL]，2017.http://tech.qq.com/a/20120822/000089.htm.

[29] 邵俊．传统企业转型的路径和陷阱 [N]. 经济观察报，2016-01-30.

[30] 孙彤．七匹狼：拥抱“O2O”营销 [J]. 中国品牌，2012（4）.

[31] 孙景华．开启消费者做主时代 [J]. 商界评论，2015（08）.

[32] 孙麒翔，王潇立．蓝月亮新产品新渠道失利 逃离商超渠道系伪命题 [N]. 北京商报，2017-05-16.

[33] 申明．格力电器：挺起中国制造的创新脊梁 [N]. 科技日报，2013-03-08.

[34] 王成荣，李诚，王玉军．老字号品牌价值 [M]. 中国经济出版社：P101，2012.

[35] 王志文．好一个“老干妈”[N]. 中国国门时报，2012-11-05.

[36] 王兆寰．华人天地引入众筹模式募集资金 新三板定增首尝众筹 [N]. 华夏时报，2015-02-28.

[37] 王育琨．索尼创始人：两个男人的世界 .[J] 董事会，2008（11）.

[38] 王珍 .TCL 提速互联网转型 [N.] 第一财经日报，2014-08-05.

[39] 王利杰．互联网化来袭，传统企业该如何转变思维？ [J]. 创业邦，2013-11-04.

[40] 王淑翠．互联网 + 传统企业：从一条价值链说起 [EB/OL]，2017.http://www.vccoo.com/v/ef41f5.

[41] 王敬文．习近平“新常态”表述“新”在哪里？“常”在何处？ [EB/OL]，

2017.http://www.ce.cn/xwzx/gnsz/szyw/201408/10/t20140810_3322950.shtml.
[42] 王熙 . 传统制造业产品互联网化将在 2015 年爆发 [EB/OL]，2017. http://www.php230.com/weixin1420686814.html.
[43] 网络营销教学网站 . 超级最红星期五：互联网 + 普惠金融的成功营销案例 [EB/OL].2015.http://www.wm23.com/wiki/137763.htm.
[44] 许筠 . “互联网 +” 是什么 [J]. 群众 • 决策资讯，2015（03）.
[45] 欣闻 . 志高 “互联网 +” 战略助推价值链创变 [N]. 科技日报，2015-04-29.
[46] 魏北驹 . “互联网 +” 推动传统产业转型升级 [N]. 中国经济导报：第 A03 版，2015-05-19.
[47] 乐言 .Kakao：“4+2” 的活力 [J]. 商界评论，2015（08）.
[48] 叶桂楠，庞亚辉 .2005 年在华跨国公司 10 大公关危机点评 [J].IT 时代周刊，2006（4）.
[49] 于冬雪 . 美特斯邦威重构 “互联网 + 时尚” 产业链 [N]. 南方日报，2015-04-24.
[50] 袁岳 .《传统企业的转型布局》上的讲话，2014.
[51] 银行信息港 . 招商银行怎么用微信查询银行卡余额 [EB/OL]，2017.http://www.yinhang123.net/gnyh/zhaoshangyinxing/38312.html.
[52] 中为智研 . “互联网 +” 大潮下会出现哪些创业机会 [J]. IT 时代周刊，2015（7）.
[53] 朱立毅，沈雁 . 索尼 6 个型号 30 个批次的数码相机均存在质量问题 [N]. 新华日报，2005-12-13 .
[54] 周斌，叶彬彬 . 君乐宝互联网思维引爆奶粉降价潮 [N]. 长沙晚报，2014-07-10.
[55] 周鸿祎 . 传统企业转型互联网，万不能引刀自宫 [EB/OL]，2017.http://www.donews.com/idonews/article/7137.shtm.
[56] 张汉澍 . 明治奶粉败走中国：“轻投入” 陷阱，败给中国式推广 [N].21 世纪经济报道，2013-10-25.
[57] 张瑞敏 . 张瑞敏在中欧国际工商学院 20 周年校庆 “大师课堂” 系列活动上题为《互联网时代的管理模式创新探索》的演讲，2014.

后记

Postscript

当写完最后一行字时，天色已经大亮，一束束阳光洒在我的案头上。此刻，尽管有着几分困意，但是我却兴奋不已。我和我的团队经过几个月的奋战，终于完成了《传统企业到底该如何转型》这本著作。

当今社会，科技迅速发展，日新月异，尤其在互联网的冲击下，传统企业在经营过程中不断面临新问题，经营者都在苦苦寻找企业发展的新路径，试图找到带领企业成功转型的方法，以求得长久生存，适应社会发展的需要。希望本书能为传统企业经营者带来一些启示和思考，在寻求转型之路上助一把力。

为了写好本书，我和我的团队深入一线，从不同角度剖析传统企业转型的现状、困境以及突围的办法。在本书中，列举了多个不同行业的传统企业，从传统的零售业、重工业、金融服务业、食品业和餐饮业等行业切入，精心选择了多个具有代表性的企业，直击企业在寻找转型方向过程中的难点、痛点和转折点。复盘了诸多传统企业从孱弱到强大，从“深陷泥潭”到“独领风骚”转型过程中最为心酸曲折的艰难决策时刻，以及企业家使用的转型方法，同时还原了诸多企业在激烈的市场角逐中，运用不同的转型战略，跳出僵化的转型思维，摆脱了传统的转型思路，最终取得了阶段性的成功。

这里，感谢财富商学院书系的优秀人员，他们也参与了本书的前期策划、市场论证、资料收集、书稿校对、文字修改、图表制作。

以下人员对本书的完成亦有贡献，在此一并感谢：周梅梅、吴旭芳、简再飞、周芝琴、吴江龙 、吴抄男、赵丽蓉、周斌、周凤琴、周玲玲、金易、汪洋、霍红建、兰世辉、徐世明、周云成，周天刚，丁启维，等等。

任何一本书的写作，都是建立在许许多多人的研究成果基础之上的。在写作过程中，笔者参阅了相关资料，包括电视、图书、网络、视频、报纸、杂志等资料，所参考的文献，凡属专门引述的，我们都在书后附注的“参考文献”中列出，并在此向有关文献的作者表示衷心的谢意！如有疏漏之处还望原谅。

本书在出版过程中得到了许多教授、研究转型的专家们、业内人士以及出版社的编辑等的大力支持和热心帮助，在此我再次表示衷心的谢意。由于时间仓促，书中纰漏难免，欢迎读者批评指正。

周锡冰

2017 年 12 月于北京

读者意见有奖征集

（可用手机扫下方二维码进行在线填写，也可手工填写邮寄给我们）

尊敬的读者朋友：

您好！感谢您购买本书并填写本问卷给我们提出宝贵意见。我们将定期从读者信息反馈中评选出有价值的意见和建议，并为填写这些信息的读者朋友免费赠送石油工业出版社出版的一本好书。本问卷所收集到的资料都将严格保密，请放心填写。

《传统企业到底该如何转型》

您是如何获得本书的？

□书店购买　□网上购买　□朋友赠送　□其他

您的身份：

□国有企业管理者　□私企老板　□员工　□学生　□其他

您对本书的印象如何？

封面：□设计新颖，很喜欢　□一般，没感觉　□不适合本书内容

内容：□丰富有新意，读后受益匪浅　□一般　□较差

排版：□新颖有创意　□一般　□较差

纸张：□很好　□一般　□较差

定价：□太高　□合适　□便宜

您对本书的综合评价和建议（可另附纸）：

____

关于本书所讲内容还有什么问题或困惑（可另附纸）？

____

您的资料：

姓名________　性别________　年龄________　手机号________

微信号____________________　电子邮件____________________

通信地址____

学历：□博士或以上　□硕士　□本科　□大专　□高中或以下

●我们的联系方式：

地址：北京市安定门外安华西里 3 区 18 号楼 1101　王海英

邮编：100011　E-mail：41964813@qq.com

销售部电话：010-64523731　010-64523633　编辑部电话：010-64523610